JOÃO MENDES RIBEIRO

ARQUITECTURAS EM PALCO
ARCHITECTURES ON STAGE

INSTITUTO DAS ARTES
MINISTÉRIO DA CULTURA
ALMEDINA

Páginas anteriores:
D. João
Don Juan
©João Tuna/TNSJ

7   IDENTIDADE CENOGRÁFICA
    SCENOGRAPHIC IDENTITY
    Jorge Vaz de Carvalho, Adelaide Ginga

11 DE MALAS FEITAS EM MESAS DE VIAGEM
    A SESTA
    SUITCASES MADE OUT OF FOLDING TABLES
    THE NAP
    Olga Roriz

15 LIBERDADE E REGRA
    FREEDOM AND RULE
    Ricardo Pais

21 OS DISPOSITIVOS CÉNICOS DE JOÃO MENDES RIBEIRO:
    UMA APROXIMAÇÃO GENEALÓGICA
    THE SCENARIOS OF JOÃO MENDES RIBEIRO:
    A GENEALOGICAL APPROACH
    Antoni Ramon Graels

43 OBJECTOS INTELIGENTES E CORPOS VELOZES
    INTELLIGENT OBJECTS AND SWIFT BODIES
    Daniel Tércio

61 O TRIUNFO DO CENÓGRAFO:
    ESBOÇOS DRAMATÚRGICOS DE JOÃO MENDES RIBEIRO
    THE TRIUMPH OF SCENOGRAPHY:
    THE DRAMATURGICAL SKETCHES OF JOÃO MENDES RIBEIRO
    Miguel-Pedro Quadrio

79 ARQUITECTURAS EM PALCO
ARCHITECTURES ON STAGE
João Mendes Ribeiro

132 PORTFOLIO

196 BIOGRAFIAS
BIOGRAPHIES

200 CENOGRAFIAS/SCENOGRAPHIES (1991-2007)

205 PRINCIPAIS PROJECTOS DE ARQUITECTURA E INSTALAÇÕES/
MAIN ARCHITECTURE PROJECTS AND INSTALLATIONS

208 BIBLIOGRAFIA/BIBLIOGRAPHY

IDENTIDADE CENOGRÁFICA
Jorge Vaz de Carvalho
Adelaide Ginga

É NO PALCO QUE TUDO ACONTECE. A cenografia, elemento de ligação entre os diversos componentes das artes cénicas, tem vindo a ganhar dimensão própria enquanto área de criação artística e a merecer lugar de exposição em evento específico. Desde 1967, a cada quatro anos, o Industrial Palace, em Praga, é palco do maior evento internacional dedicado à cenografia e arquitectura para teatro, congregando a atenção de estudantes, profissionais e especialistas, num acontecimento em que se apresentam e se avalizam as suas novas tendências.

Organizado pelo Ministério da Cultura da República Checa e pelo Instituto de Teatro de Praga, a Quadrienal de Praga alcançou, ao longo das suas dez edições, uma dimensão e importância que tornou exigível a presença de uma participação portuguesa na secção de exposições nacionais. Anteriormente, estiveram presentes outros profissionais portugueses de renome neste sector. Em 2007, é assumida pelo Estado Português a primeira representação nacional, como reforço de uma acção institucional que tem desenvolvido uma política cultural de consagração de artistas portugueses com reconhecimento nacional e internacional já evidentes.

Nesta 11.ª edição da Quadrienal de Praga, em 2007, comissariada por Arnold Aronson, Director do Departamento de Dramaturgia da Columbia University (EUA), cada país é convidado a apresentar uma exposição individual que possa reflectir a singularidade da sua cultura teatral, atendendo a uma conjectura de futuro relativamente a esta área específica. O Instituto das Artes – Ministério da Cultura, responsável pela organização e produção da representação nacional, no âmbito da estratégia de internacionalização que visa a afirmação da cultura contemporânea portuguesa no contexto internacional, convidou o Arquitecto João Mendes Ribeiro para tomar a cargo a tarefa.

Arquitecto de formação e docente universitário, João Mendes Ribeiro cedo definiu o título desta mostra: "Arquitecturas em Palco". A exposição que revela a singularidade do longo percurso de cenógrafo de João Mendes Ribeiro, alicerçado na sua firmada identidade de cenógrafo-arquitecto, é testemunho de um contributo revolucionário nesta área de criação artística em Portugal.

Um percurso com evidente reconhecimento nacional e internacional que tem colhido várias distinções.

Pautado por uma orientação estética que evoca o minimalismo e a espacialidade de Donald Judd, em conjugação com os princípios construtivistas que aliam a arquitectura ao *design* na criação de uma arte útil que permite organizar a acumulação de formas geométricas segundo parâmetros funcionais, João Mendes Ribeiro concretiza tecnicamente os seus projectos cenográficos através das regras da arquitectura. Na sua demanda pela essência do elemento identificador das peças de teatro e de dança em que trabalha, elege a criação de objectos pensados segundo os valores arquitectónicos da funcionalidade, do rigor e da racionalidade que correspondam às exigências da peça.

Porém, esses objectos simples e depurados, de aparente algidez, que podem num primeiro momento criar estranheza, são pensados à escala humana e apelam a uma relação espaço-intérprete. É a vivência que os transforma, no sentido em que, ao serem habitados ou manuseados, por vezes metamorfoseando-se no palco ou em processo de reciclagem noutros espectáculos, evidenciam a beleza da sua funcionalidade e alcançam outras dimensões poéticas.

São alguns desses objectos capazes de transformação que foram adaptados a suportes da presente mostra em que se projecta o percurso deste autor. No interior de "malas-mesa", preparadas para viajar, apresenta-se o testemunho duma carreira. A par delas, outro objecto modulado – "Paisagens Invertidas" – transforma-se em auditório e acolhe imagens vivas desse percurso, com destaque para um filme de Olga Roriz, *A Sesta*, realizado para esta exposição, com uma coreografia em que as "malas-mesa" são os objectos cenográficos.

Trata-se de uma exposição que consagra a invulgar qualidade e o carácter distinto do cenógrafo português João Mendes Ribeiro, o contributo da sua criação para uma nova identidade da cenografia contemporânea.

SCENOGRAPHIC IDENTITY
Jorge Vaz de Carvalho
Adelaide Ginga

IT ALL HAPPENS ON STAGE. Scenography, a link between the diverse components of the scenic arts, has been gaining in stature as a field of artistic creation and deserving of a place in an exhibition of its own. Every four years since 1967, the Industrial Palace in Prague has been the stage for the largest international event dedicated to scenography and theatre architecture, where the attention of students, professionals and specialists alike is focussed on an event where new trends are presented and guaranteed.

The Prague Quadrennial, organised by the Ministry of Culture of the Czech Republic and the Prague Theatre Institute, has achieved such dimension and importance over its ten editions that the time has come for Portugal to participate in the national exhibitions, although it should be noted that Portuguese artists and professionals have previously been present. In 2007, the Portuguese state has decided that the country should be represented nationally for the first time, supporting the institutional efforts that have been developed for a cultural policy of consecration of nationally and internationally renowned Portuguese artists.

In this 11th edition of the Prague Quadrennial, 2007, curated by Arnold Aronson (Head of Dramaturgy at Columbia University – USA), each country is invited to present an individual exhibition that reflects the particularly unique trends of that country's contemporary theatre culture, one that considers the future of that specific area. The Instituto das Artes – Ministério da Cultura is the body responsible for the organisation and production of the national entry and this has been done within the scope of a strategy of internationalisation, which aims to establish Portuguese contemporary culture within an international context. The person invited to take on this task is João Mendes Ribeiro.

A trained architect and university teacher, João Mendes Ribeiro soon defined the title of this exhibition: "Architectures on Stage". The singularity of João Mendes Ribeiro's extensive scenographic career, demonstrated in this exhibition and consolidated by his strong identity as a scenographer-architect, is testament to a revolutionary contribution in this area of artistic creation in

Portugal. Such a distinguished career has seen recognition, both nationally and internationally.

João Mendes Ribeiro is guided by an aesthetic sense that evokes the minimalism and spatiality of Donald Judd that is conjugated with the constructivist principles that tie architecture to design, in the creation of an useful art that allows the organisation of accumulated geometric forms according to functional parameters. JMR implements his scenographic projects via architectural rules. In his search for the identifying element of the plays and choreographies on which he works, he chooses to create objects according to architectural values of functionality, rigour and rationality that correspond to the demands of the individual project.

However, the simple, pure and apparently cold objects that can initially create the feeling of peculiarity are created on a human scale and appeal to a relationship of space-performer. It is experience that transforms them, in the sense that when they are inhabited or used, sometimes metamorphosising on the stage or in the recycling process in other projects, they demonstrate their functional beauty and achieve other poetic dimensions.

It is some of these transformable objects that were adapted for the current exhibition in which we see JMR's career so far. Inside the "malas-mesa" (suitcase-tables), all ready to travel, the testament to a career is presented. Alongside them, another modulated object – "Reversed Landscapes" – is transformed into an auditorium and gathers images of that path, with particular attention for Olga Roriz's film, *The Nap*, which was made especially for this exhibition, with a dance piece where the "suitcase-tables" are scenographic objects.

This is an exhibition that consecrates the unusual quality and distinct character of the Portuguese scenographer João Mendes Ribeiro, his creative contribution to a new contemporary scenographic identity.

DE MALAS FEITAS EM MESAS DE VIAGEM
Olga Roriz

"Foi há muito, muito tempo, era eu uma criança..."
Poderia começar assim como esta canção de outrora, não fosse eu já não ser uma criança.

Tudo começou em inícios de 1998, quando, uma vez mais, convido o João para criar o cenário de *Anjos, Arcanjos, Serafins, Querubins... e Potestades*, uma peça baseada em cultos pagãos e populares portugueses.

Para ser mais precisa e se a memória não me falha, a origem desses mágicos objectos – malas feitas em mesas de viagem – datam dos anos 50. Aí, sim, era eu uma criança de braço no ar para alcançar a mão esquerda do meu pai já que a sua direita se encarregava de carregar uma mala de madeira revestida com uma placa de fórmica verde-garrafa, contendo quatro banquinhos de madeira às ripas que depois de aberta se transformava, como por magia, na nossa mesa de piquenique.

Essa mesa, desenhada na época pelo meu pai, é sem dúvida uma das minhas memórias de infância.

Foi com esta herança que desafiei o João a recriar, reinventar, revisitar este belo objecto do meu passado.

Lembro tão bem como se fosse hoje de o ver entrar pela porta dos artistas do Centro Cultural de Belém de mala em punho, com o seu característico doce sorriso nos lábios. Tão perto estava da minha realidade perdida que, não fosse o despropósito, correria para ele de braços abertos...

O tempo passou e, à semelhança do cenário da *Propriedade Privada*, uma e outra vez as malas se transformaram em mesas e as mesas voltaram a ser malas.

Como um dia disse: "Com os quatro cenários que João Mendes Ribeiro criou para a minha companhia poderia ficar anos a fio a reinventar novas viagens sem nunca os esgotar."

Com a realização do filme *A Sesta*, protagonizado por vinte malas-mesa, volta a comprovar-se a veracidade dessa afirmação.

O que me espanta não é só a versatilidade dos objectos criados pelo João, mas sobretudo a inesgotável ligação afectiva que este criador mantém com a sua obra.

É nesse acreditar comum onde tudo se transforma que nos voltamos a encontrar.

Longe um do outro, é certo, porém à procura de um mesmo espaço para reabitar.

A SESTA

Cinco viajantes à procura de um lugar perfeito, paradisíaco…
O lugar onde o momento se faz repasto para mitológicos deuses.
Malas e mais malas que se transformam em longas mesas.
Mesas e mais mesas… Postas. Cheias.
A comida a transbordar pelos cantos da toalha. O vinho derramado.
A gula de garfo e faca, de goelas abertas e mãos sujas.
Pratos que voam e se suspendem no ar como pássaros.
Tudo às avessas como o próprio tempo. Tudo parado. Quebrado até ao silêncio.
Essa intimidade de um Olimpo perdido no sono profundo da nossa imaginação.

SUITCASES MADE OUT OF FOLDING TABLES
Olga Roriz

"A long, long time ago, I was a child..."

I could start like this song from a bygone age, if it wasn't for the fact that I'm no longer a child.

It all started in early 1998 when, once again, I invited João to create the scenario for *Angels, Archangels, Seraphs, Cherubs... and Powers*, a piece based on Portuguese popular and pagan cults.

To be more exact, and if my memory does not fail me, the origin of those magical objects – suitcases made out of folding tables – dates back to the 50's. In that case, yes, I was a child, with my hand up trying to reach my father's left hand as his right hand was carrying a wooden suitcase that was covered in bottle-green Formica. This suitcase contained four wooden-slatted stools that once opened were transformed, as if by magic, into our picnic table.

That table, designed by my father at the time, is without doubt one of my most vivid childhood memories.

It was with this in mind that I challenged João to recreate, reinvent, and revisit that beautiful object of my past.

I remember it as if were today, seeing him walking through the stage door of the Centro Cultural de Belém, suitcase in hand, with that characteristically sweet smile on his lips. So close was it to my lost reality that, were it not folly, I would run to him, arms wide open...

Time passed and, like the scene of *Private Property*, once and again the suitcases became tables and tables became suitcases again.

Like I said one day: "With the four scenarios that João Mendes Ribeiro created for my company I could spend years reinventing new journeys without ever coming to the end."

With the making of the film *The Nap*, with twenty suitcase-tables playing the lead roles, the veracity of that statement is proven once again.

What truly amazes me is not only the versatility of João's object but especially the endless affectionate link this artist maintains with his work.

It is in that common belief, one in which everything changes, where we find ourselves again.

Far from each other, doubtlessly true, but both searching for the same space to reinhabit.

THE NAP

Five travellers seeking a perfect place, paradise…
The place where time becomes the feast for mythological gods.
Cases and more cases are transformed into long tables.
Tables and more tables… Set. Bursting.
The food spread to the four corners of the tablecloth. Spilt wine.
The gluttony of knife and fork, of open mouths and dirty hands.
Plates that fly and hang in the air like birds.
Everything inside out, like time itself. Everything halted. Broken until silence.
That intimacy of an Olympus lost in the deep sleep of our imagination.

LIBERDADE E REGRA
Ricardo Pais

João Mendes Ribeiro chegou à cenografia vindo duma enorme convicção quanto à importância do desenho na estruturação do objecto arquitectónico. Pode dizer-se, no entanto, que é um caso raro de uma conotação ao trabalho de cena mais vinculativa do que à própria arquitectura. Tentemos explicar este aparente paradoxo.

A cenografia tal como a entendemos, eu e João Mendes Ribeiro, não deve ser o lugar de fantasia a que o palco infelizmente convida, mas um lugar de regra.

A arquitectura pressupõe uma lógica interna que autoriza o seu uso totalmente livre. A cenografia desvia essa liberdade para o interior do próprio espectáculo. Ao ser inteligente e devidamente sintético, este cria, em volumes luminosos, sonoros e psicofísicos, os parâmetros de imaginativo *abuso* do espaço, isto é, o desdobramento dos seus sentidos aos olhos de um público que o apercebe como humanamente *outro*.

Forçado à cenografia como prática quase substitutiva do desenho de obra, João Mendes Ribeiro tem vindo a desenvolver três tipos de intervenção que por adição, se pode dizer, propiciam a polimorfia da sua arte e esbatem as fronteiras entre as duas disciplinas:

1. Os PROJECTOS-PAISAGEM que potenciam o espaço vazio e desenvolvem uma linguagem de elementos soltos, peças coreográficas da *mise-en-scène*, de que é exemplo *Arranha-Céus* (Porto, TNSJ, 1999);

2. Os PROJECTOS-OBJECTO que se afirmam na sua pluridimensionalidade potenciando uma leitura "de todos os lados", leitura esta prevista em movimentos do objecto, tão significativos como o próprio movimento dos intérpretes, de que são exemplo a maioria dos projectos para Olga Roriz ou o iniciático, expressionisto-minimalista, *Amado Monstro* (Coimbra, A Escola da Noite, 1992);

3. Os PROJECTOS-TERRITÓRIO de que *D. João* (Porto, TNSJ, 2006) é o exemplo mais ascético, mais esotérico, mais vitruviano e simultaneamente mais sensual. Uma subdivisão deste tipo pode ainda ler-se em espectáculos que ocupam a totalidade do espaço para lá da boca de cena, no que poderia chamar-se um *parti-pris* mais operático, de que são exemplos a austeridade performativa do

premiado *Vermelhos, Negros e Ignorantes* (Porto, TNSJ, 1998), ou a ritualização da sumptuosa palavra em *Berenice* (Lisboa, TNDM II, 2005).

Em todos os casos trata-se de um criador que privilegia o discurso dos autores, dramaturgo, encenador e/ou coreógrafo e cujo sucesso se deve ao ascético recolhimento a que se entrega uma vez percepcionado o sentido de cada particular proposta.

Queremos dizer que, mau grado a sua indefectível personalidade própria, estamos perante a obra de um cenógrafo cujo raciocínio é, como não pode deixar de ser em práticas de palco de um país como o nosso, um raciocínio de *projecto*. De generosidade portanto.

FREEDOM AND RULE
Ricardo Pais

JOÃO MENDES RIBEIRO came to scenography with a strong conviction of the importance of drawing in the structuring of the architectonic object. This is, however, a rare case of a link to the stage work that is better forged than to architecture itself. Let us try to explain this apparent paradox.

Scenography, as João Mendes Ribeiro and I understand it, should not be the place of fantasy, which unfortunately the stage tends to invite us to, but more a place of rules.

Architecture presupposes an internal logic that authorises total freedom in how it is used. Scenography diverts that freedom towards the inner part of the show. By being intelligent and duly succinct, this creates the parameters of imaginative *abuse* of space in luminous, resonant and psychophysical structures, or rather the unfolding of the senses before an audience that sees it as humanly *other*.

Forced to use scenography as a craft that is almost a substitute for building plans, João Mendes Ribeiro has worked on three types of intervention that, all in all, makes the multiplicity of his art propitious and breaks down the barriers between the two disciplines:

1. The LANDSCAPE-PROJECTS that take full advantage of the empty space and develop a language of free elements and choreographic pieces of *mise-en-scène*, of which *Skyscraper* is a good example (Porto, TNSJ, 1999);

2. The OBJECT-PROJECTS that are assertive in their multidimensional nature enhancing an understanding "from all sides", an understanding foreseen in the movements of the objects, which are as significant and meaningful as the movements of the performers. Fine examples of this type are the majority of projects for Olga Roriz or the initiatic, expressionist-minimalist, *Dear Monster* (Coimbra, A Escola da Noite, 1992);

3. The TERRITORIAL-PROJECTS, of which *Don Juan* (Porto, TNSJ, 2006) is the most ascetic, most esoteric, most Vitruvian and simultaneously the most sensual. A subdivision of this type can still be seen in pieces that occupy the space beyond the apron stage, in what could be called a more operatic *parti-pris*, which are exemplified by an austerity of performance of the prize-winning *Red, Black*

and Ignorant (Porto, TNSJ, 1998) or the ritualisation of the sumptuous word in *Berenice* (Lisbon, TNDM II, 2005).

In all of these cases, JMR is an artist that favours the discourse of the author, playwright, director and/or choreographer, and whose success is due to the ascetic seclusion he succumbs to once the meaning of each particular project is fully understood.

We mean that, *despite* such unfailing personality, we are looking at work of a scenographer whose reasoning is, and inevitably so in the theatrical practice of a country like ours, a reasoning of *project*. Therefore, a reasoning of generosity.

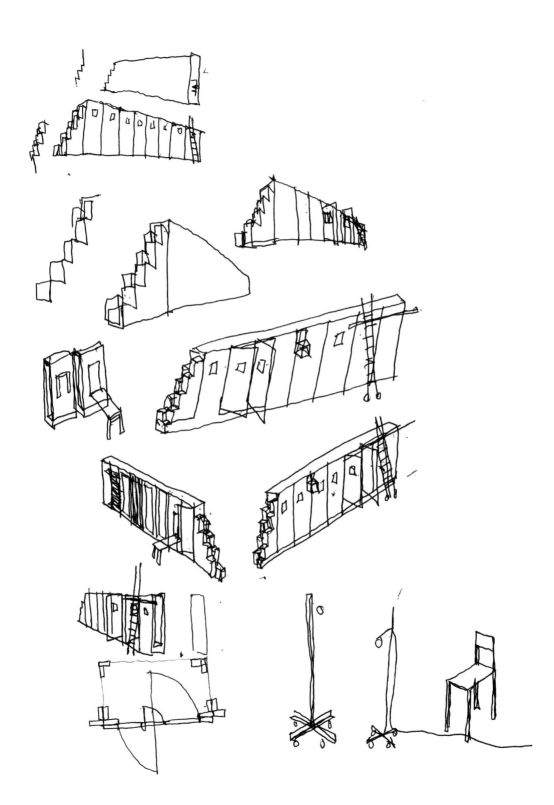

OS DISPOSITIVOS CÉNICOS DE JOÃO MENDES RIBEIRO:
UMA APROXIMAÇÃO GENEALÓGICA
Antoni Ramon Graels

SEGUIR O RASTO de algo ou de alguém pode ser uma tarefa inútil e, como tal, é possível que o estudo da genealogia das antigas cenografias de João Mendes Ribeiro [JMR] não ofereça dados relevantes para entender os fundamentos do trabalho do artista. Porém, com este texto procuraremos enveredar por essa via. O nosso olhar sobre o passado vai concentrar-se em duas questões: a primeira, respeitante à caracterização do teatro como Obra de Arte Total ou como actividade artística de traços específicos; a segunda, relativa à existência ou não de uma condição autónoma da construção cenográfica. Vamos questionar o "como": o processo criativo, isto é, os modos de produção, e o "quê": a obra de arte, ou seja, o produto. Os dados desta investigação teórico-histórica talvez permitam entender melhor os dispositivos cénicos de João Mendes Ribeiro.

> *A prática do* atelier *caracteriza-se essencialmente pelo trabalho multidisciplinar e em equipa, visando o cruzamento de diversos saberes disciplinares.*
> JOÃO MENDES RIBEIRO, *Autobiografia Crítica do Atelier*, 2004.

Desde a segunda metade do século XIX que duas linhas de pensamento se mostraram eficazes para entender e criar a obra de arte. Uma defendia que o surgimento da produção artística era impulsionado pela actividade de cada disciplina com os materiais próprios. A outra defendia a necessidade de criar a Obra de Arte Total, na qual se fundiriam as artes tradicionais.

Em 1919, quando se formou a Bauhaus na cidade de Weimar, o Manifesto fundador da escola assinado por Walter Gropius, que anos mais tarde realizou o projecto de Teatro Total para Erwin Piscator, defende a unidade necessária para impulsionar "a nova actividade construtora do futuro, que será tudo numa única forma: arquitectura, escultura e pintura, que milhares de mãos de artesãos levantarão para o céu como símbolo cristalino de uma nova fé que está a surgir". Segundo as palavras de Gropius, esta Obra seria una e englobaria todas as que se tinham construído separadamente. Numa Alemanha em convulsão e em crise depois da derrota na Primeira Guerra Mundial, este desejo de unificar estava impregnado de romantismo. E o pensamento de Richard Wagner acerca da *Gesamtkunstwerk* estava certamente na base do ideal que orientava o ensino da nova escola nos seus primórdios. Mas neste texto o que mais interessa destacar é como, na ausência de um *atelier* de arquitectura, que só abrirá em 1927, o *atelier* de teatro assumiu o papel que aquele deveria ter tido. Na Bauhaus de Weimar, o teatro substituiu a arquitectura visto que podia ser a obra orquestral, unificadora das artes e dos ofícios. Nele teria de confluir a missão das oficinas da escola. Nele criar-se-ia espaço.

Alguns anos antes, em *A Arte do Teatro*, Edward Gordon Craig situava a especificidade do teatro na encenação e reivindicava a figura demiúrgica do director. O certo é que, como bem tinha referido Adolphe Appia no seu tempo, a ópera de Wagner não tinha alcançado a síntese a que Craig se referia. Apenas música e texto conseguiram unir-se graças ao *leitmotiv*. A cenografia tornou-se um elemento decorativo, um acréscimo pictórico, ilusório, empobrecedor, segundo Appia, da carga simbólica da música do maestro. A força da proposta de Wagner encontrava-se mais no âmbito das ideias do que no das realizações, na maneira de verbalizar o desejo de unir arte e vida, ou melhor, de conceber artisticamente o mundo. A ideia da Obra de Arte Total era fruto de uma mentalidade messiânica, que pretendia redimir a civilização através da arte.

No ambiente das vanguardas da República de Weimar, que é também o da Bauhaus, a agudeza analítica de Bertolt Brecht passou a Obra de Arte Total da área da ideologia para o âmbito das relações de produção. Em *Sobre o Teatro Experimental*, Brecht constrói uma Bauhaus teatral virtual, ao mesmo tempo casa da construção e dos construtores do teatro, onde a obra nasceria do trabalho conjunto, em que cada um contribuía com o seu saber e com materiais específicos, reconhecíveis no produto final: "O princípio de Neher, segundo o qual a cenografia surgia das necessidades definidas nos ensaios teatrais, permitiu que o cenógrafo tirasse proveito da representação do actor e pudesse influenciar o seu trabalho. O autor da peça também pode desenvolver as suas experiências em colaboração contínua com o actor e com o cenógrafo, influenciando e deixando-se influenciar. Paralelamente, pintores e músicos conseguiram de novo a sua independência e puderam intervir na obra com os próprios meios artísticos: a obra de arte total era apresentada ao espectador com os elementos separados."

As novas vanguardas teatrais dos anos 60 e as que lhe sucederam vão aplicar, à sua maneira e para os respectivos fins, o legado das suas antecessoras, acreditando ou não na possibilidade ou na necessidade de alcançar a síntese artística e, em concreto, a teatral. Nos anos 60, as ideologias totalizadora e disciplinar fundiram-se, resolvendo-se a dicotomia delineada na época das vanguardas históricas. Mas, no que respeita ao problema da multidisciplinaridade da criação artística, as diversas tendências neovanguardistas adoptam vários perfis, produzindo formas artísticas inovadoras, como os *happenings* e *performances*, ou promovendo formas híbridas como o Teatro-Dança.

Embora possamos encontrar precedentes no período entre as Guerras, a partir dos anos 60 a questão não passa tanto por as artes de âmbitos disciplinares bem definidos colaborarem na criação de uma obra que as sintetize, mas sobretudo pelo modo de romper os limites das disciplinas tradicionais.

Em relação ao processo criativo, as cenografias de JMR realizaram-se quase sempre em contacto próximo com as companhias de teatro, procurando enquadrar-se no trabalho do encenador/coreógrafo, dos técnicos de iluminação, dos figurinistas e dos construtores das cenografias. A força da obra de JMR, sobretudo a sua eficácia, é o resultado desta integração num trabalho colectivo.

Não é por acaso que a monografia *JMR 92.02 / Arquitectura e Cenografia*, uma colectânea do seu trabalho realizado de 1992 a 2002, dedica uma parte importante a duas conversas. Uma, com o director Ricardo Pais, e outra, com a coreógrafa Olga Roriz, com os quais o cenógrafo colaborou muitas vezes. Pensamos que esta é, simplesmente, a forma de trabalhar própria do teatro, embora não seja a que prolifere.

O mais singular em JMR talvez seja a sua capacidade de transferir experiências do âmbito da arquitectura para a cenografia, e vice-versa. Vêm à memória as explorações de Laurie Anderson, quando da sua voz surgem sons que parecem provir de um instrumento musical, e do seu violino, um canto humano. No caso de JMR, um quiosque que aparentemente seria destinado a uma exposição poderia converter-se no suporte-base de uma encenação, e um objecto desenhado para uma cenografia poderia vir a ocupar a sala de estar de uma casa. A algo parecido aludia Olga Roriz num dos diálogos citados: "Fascina-me imenso passear na rua e ver um sofá que foi deitado fora… Apetecia-me fazer um espectáculo ali, já e agora!"

Mas apesar de existirem estes pontos de contacto, a obra de arquitectura e a cenografia têm características próprias. Desenhar um objecto do quotidiano não é o mesmo que desenhar outro de vida efémera. Entre outras questões, destacamos agora algumas de carácter técnico, como o peso, a montagem ou o transporte, que impõem, sem dúvida, condições diferenciadas às peças de cenografia. Pode ser útil ao arquitecto com um projecto cenográfico entre mãos um substrato de conhecimentos, mas tem de saber transportá-los para um campo de trabalho com regras de jogo distintas. JMR não só levou ao mundo do teatro os seus conhecimentos de arquitectura como também utilizou na sua arquitectura os mecanismos de desenho do cenógrafo. Podemos falar de multidisciplinaridade, bem como de interdisciplinaridade, de transferência de disciplinas.

> *Acabou por ganhar vida própria.*
> Conversa com Olga Roriz, 15 de Setembro de 1998.

Voltemos à Bauhaus. Aí László Moholy-Nagy, no Curso Introdutório, atribui ao teatro um papel diferente, mas igualmente central na formação do estudante. *A Nova Visão*, livro fundamental para perceber o sentido da pedagogia de Moholy-Nagy, traça um percurso inequívoco. Começa com exercícios com materiais, "acumulando impressões", conhecimentos sobre o seu aspecto superficial, textura, estrutura, com a vontade de criar superfícies. Continua com os exercícios que se realizam com corpos, com a intenção de criar volume. E culmina trabalhando o espaço. Uma aprendizagem que em cada uma destas etapas se relaciona com a própria criação artística: a pintura (superfície), a escultura (volume) e finalmente a arquitectura (espaço). Mas, neste último nível, o teatro pode, segundo as palavras de Moholy-Nagy, oferecer uma experiência semelhante à da arquitectura, uma vez que ambas são artes do espaço. Supostamente mais livre para responder a soluções funcionais, a cenografia permite experimentar facilmente os elementos criadores de espaço: linhas, planos e corpos que se movem debaixo da luz. No *atelier* de teatro de Oskar Schlemmer, os espaços cénicos e os actores transformam-se em formas abstractas e o teatro numa magnífica experiência arquitectónica. O espaço cénico é, segundo Moholy-Nagy, espaço em estado puro e, consequentemente, não nos deveríamos surpreender com a atracção que alguns arquitectos sentem pela cenografia.

Mal interpretadas, as ideias de Moholy-Nagy poderiam levar-nos a pensar na cenografia como uma forma autónoma, induzida por uma vontade artística. Os comentários de Edward Gordon Craig a Konstantin Stanislavski enquanto preparavam a encenação de *Hamlet* para o Teatro de Arte de Moscovo, por volta de 1913, em que confessava o desejo de criar uma cena que não precisasse de actores, também podiam levar à mesma conclusão. E a Craig não faltavam motivos para desconfiar da interpretação dos actores, tal como comprovamos ao ver as fotografias do elenco da peça. Craig ansiava que os seus painéis móveis substituíssem os actores, transformando a cenografia no anelado actor-marioneta, fantoche nas mãos do director artístico. A sua aspiração não era criar uma forma autónoma, mas uma dramaturgia de imagens.

Um desejo que se pode perceber em parte nos trabalhos de Robert Wilson. Nestes, além da personalidade do artista, dos traços de uma poética plástica, a cenografia converte-se na música visual em que se apoia a dança, retirando-se a psicologia e a expressividade em proveito da pura forma e do movimento. Por vezes as suas cenografias são vistas como formas autónomas, mas essa perspectiva implica o esquecimento da personalidade multifacetada do artista, simultaneamente plástico, cenógrafo, director artístico e dramaturgo.

Para esclarecer a questão da autonomia da cenografia talvez possa ser útil contemplar as montagens biomecânicas de Vsevolod Meyerhold dos anos 20 do século XX e ler os documentos em que as justifica. Atraído como tantos outros vanguardistas pela potência da indústria, o trabalho de um operário especializado lembra-lhe a dança, defendendo a aplicação do método do taylorismo ao trabalho do actor. O actor, ao realizar "estranhos" movimentos produtivos, será um operário, e o dispositivo cénico, uma máquina, livre, escreve Meyerhold – ainda que hoje o relativizemos –, de tarefas representativas, significantes; apenas útil para facilitar, ou talvez impor, a interpretação dos actores; um dispositivo de luta contra o naturalismo.

As cenografias de João Mendes Ribeiro manifestam o paradoxo de uma forma que aparenta ser autónoma, de um espaço que recebe um valor plástico e narrativo, mas na realidade é um instrumento ao serviço da dramaturgia.

O cenário de JMR apresenta-se assim. Um espaço de actuação sem mistificações, cujos elementos se mostram tal como são. Logo nas suas primeiras cenografias, JMR cria o espaço cénico reduzindo ao máximo os elementos que o constituem: superfícies e volumes, quer dizer, planos: solos, muros, tectos,… e objectos: mesas, cadeiras, escadas e vários artefactos. Com contenção, mas procurando a complexidade, tal como o próprio autor afirma.

É com estas intenções que JMR parece trabalhar as suas cenografias, sendo conhecedor dos mecanismos geradores da nossa experiência sensorial e intelectual do espaço. Opta sempre pela simplicidade, seja na forma e matéria dos elementos e objectos cénicos, seja no uso da luz. Opta, com mentalidade ascética, pela redução e pelo rigor. Convencido de que assim não reduz mas estimula a fantasia do espectador sem impor nada, provocando múltiplas associações sem ter de as explicitar.

Um chão inclinado, uma mesa de formas puras mas atípicas, convertem-se, na encenação de *Amado Monstro*, de Javier Tomeo (1992), em sinais de instabilidade que expressam o conflito entre as duas personagens da obra. Dois muros, em que as aberturas podem ser entendidas como portas ou janelas, acabam por definir o espaço dramático. O cenário de *Amado Monstro* é alusivo, procura transpor para o espaço as tensões do texto numa tradução mais metafórica que literal. Inquietude, ansiedade, opressão, podem transmitir-nos a exagerada altura de paredes e aberturas, ou a perceptível ausência de tecto, que permite entrever o mundo exterior e sugere a sua influência na transformação das personagens.

Amado Monstro
Dear Monster
© Susana Paiva/
A Escola da Noite

JMR trabalha com intenções e formas semelhantes no cenário da *Comédia sobre a Divisa da Cidade de Coimbra*, de Gil Vicente (1993). Nele, os muros configuram o interior de um cubo ao qual se tirou uma face. A quarta parede de André Antoine, à qual se tinha referido Denis Diderot em *O Paradoxo do Comediante*, muda de sentido, não só pelo uso de uma linguagem plástica *minimal*, mas essencialmente pela ausência de realismo de espaços e situações. O interior fechado converte-se no detentor dos lugares da fábula. Faz-nos lembrar a encenação de Peter Brook de *Sonho de uma Noite de Verão*, em 1970, embora no cenário da *Comédia* o espaço vazio possa transformar-se fisicamente graças à rotação de uma das paredes sobre um eixo.

Uma certa unidade na linguagem – de poucas e simples palavras, se queremos usar o símile linguístico – caracteriza estas colaborações de João Mendes Ribeiro com a Companhia de Teatro de Coimbra A Escola da Noite. Mas não só. Nelas, a preocupação situa-se no limite. É na sua definição que se centra a intervenção do cenógrafo. Assim aconteceu também em *Canto Luso*, criado para a Companhia Nacional de Bailado (1997), onde o elemento delimitador não é a parede mas um banco corrido em forma de U que delimita o baile, um espaço que pode ser compreendido como um fragmento controlado de um espaço maior imperceptível no escuro. O mesmo se passa em *A Hora em que não Sabíamos nada Uns dos Outros*, de Peter Handke (2001).

Da atenção ao limite à ênfase no objecto. Este é o passo que se dá em *Uma Visitação*, uma encenação de quatro textos de Gil Vicente para a qual JMR engendra um engenho engenhoso que, ao transformar-se, responde às necessidades cénicas da dramaturgia. Os elementos que o compõem são escamoteados ao espectador até à sua aparição súbita. Uma cadeira, uma escada, uma espécie de banco, surgirão em cena como se fossem mais actores da peça. O objecto isolado, transformável, continuará a fazer o papel de protagonista do espaço cénico em *Start and Stop Again* de Olga Roriz e da sua Companhia de Dança (1997), em *Savalliana* da Companhia Nacional de Bailado (2000) e em *Entradas de Palhaços* de Hélène Parmelin, no mesmo ano. Objectos cénicos, como móveis que organizam a distribuição e o uso de um lugar. É difícil discernir até que ponto o objecto "ao serviço de" acaba por se converter no "objectivo em si".

Em *Propriedade Privada*, de Olga Roriz e a Companhia de Dança, Lisboa (1996), o objecto pode entender-se como uma espécie de muro de qualidades escultóricas onde se encontra pendurada uma cadeira, se apoia um escadote, se põe uma grade metálica ou se coloca um lavabo. Dada a sua indefinição formal, tanto pode representar uma parede de interior, uma sala ou um quarto de uma casa, como o muro de uma rua... Mais que representar algo em concreto, quer ser fonte de sugestões para o espectador e ponto de partida de exploração para os actores bailarinos. Em *Propriedade Privada,* a cenografia pode actuar tanto como plataforma de acção como de dificuldade, tendo um papel semelhante aos guarda-roupas dos bailarinos do *Ballet Triádico* (1916-1926) de Oskar Schlemmer.

A referência a esta obra não é extemporânea, já que foi reconstruída por Gerhard Bohner, um dos pilares do Teatro-Dança alemão, em 1977. Nas danças de Schlemmer, as roupas deformavam o corpo do actor para torná-lo abstracto.

Propriedade Privada
Private Property
©Rodrigo César/
Companhia Olga Roriz/
Bailarinos/Dancers:
Suzana Queiroz, Ludger Lamers

Leôncio e Lena
Leonce and Lena
©JMR/A Escola da Noite

Em *Propriedade Privada*, é a cenografia que molda o movimento da dançarina. Nas suas formas recorta-se o corpo do actor, que se despedaça de uma forma que lembra a experiência biomecânica de Meyerhold, ainda que, em *Propriedade Privada*, o dispositivo cénico perca o referente *construtivista* para nos sugerir imagens da vida quotidiana.

"Aquele objecto era para ser habitado, macerado, mastigado e não existia", afirma Olga Roriz em 2002, em conversa com João Mendes Ribeiro sobre aquela experiência. Se, até à data, dizíamos que a dança condicionava a cenografia, as palavras da coreógrafa sugerem que as montagens do Teatro-Dança ganham corpo incitadas pelo movimento do material disposto no cenário.

Parecia que o tínhamos tão bem estudado que conhecíamos perfeitamente quais eram as condições que nos impunham, dizia Olga Roriz, falando com JMR acerca do dispositivo cénico de *Propriedade Privada*. Contudo, a coreógrafa confessa que naquele mesmo cenário podia montar outro espectáculo: "[a cenografia] impôs-se quase como um objecto perfeito para ser habitado... Acabou por ganhar vida própria." E assim o fez em *Propriedade Pública* (1998), espectáculo que surgiu da necessidade de demonstrar a si mesma a possibilidade de "fazer o resto da minha carreira com aquela cenografia e sempre com trabalhos diferentes". E dois anos mais tarde em *F. I. M. (Fragmentos/Inscrições/Memória)* (2000).

Trabalhou sobre o limite, configuração do espaço a partir da posição dos objectos cuidadosamente desenhados em função do seu papel numa dramaturgia textual ou de imagens e também, claro está, do desenho da luz. Espaço, actor, luz já relacionados por Adolphe Appia, que no início do século XX previu a capacidade da luz para modelar formas e corpos de modo a afectar sensorial e sentimentalmente o espectador.

O papel da luz e fundamentalmente a sua cor relaciona alguns trabalhos de JMR com a plástica de Robert Wilson, artista a que JMR se refere frequentemente quando fala do seu trabalho: "O Bob Wilson é conhecido pelas mais de cem horas de ensaio de luz em cada produção. A luz é o cerne da maioria dos seus espectáculos e ele consegue, com os seus jogos de luz, criar ambientes únicos."

Já em *Leôncio e Lena* de Georg Büchner, encenado por A Escola da Noite em 1994, em Coimbra, é perceptível a referência visual aos cenários de Bob Wilson de *Die Goldenen Fenster* ou de *Orlando*. Um vínculo que também se observa na encenação de *A List* de Gertrude Stein para o Teatro da Cornucópia, Lisboa (1997), em *Dançares*, para a Companhia Nacional de Bailado (1999) ou em *Romeu e Julieta* para a mesma Companhia em 2001.

O último trabalho cenográfico de JMR não é um, mas sim três. *D. João, Dom Juan ou le Festin de Pierre* de Molière, *Fiore Nudo*, montagem a partir de fragmentos de *Don Giovanni* de Mozart e Da Ponte, e *Leituras Encenadas: Frei Luís de Sousa* de Almeida Garrett, no Teatro Nacional de São João, Porto (2006). Pode parecer que marca uma viragem em relação às obras anteriores. Certamente o plano ganha fendas, os materiais perdem a sua aparência pura. No entanto, a mentalidade do desenho de construção é a mesma. Criar "uma estrutura versátil e aberta", multifuncional, susceptível de se adaptar às especificidades dramatúrgicas e/ou estilísticas das diferentes representações.

Redução de elementos e a sua capacidade para se transformarem.

Na concepção dos dispositivos cénicos de João Mendes Ribeiro transparece uma coerência extrema. A sua forma tende para o elementar e para a pureza de linhas e contornos. A sua matéria mostra-se exemplar. A sua estética é fruto de uma acção de desenho depurativa, redutiva. A sua expressividade, a sua capacidade de afectar o espectador, não procedem tanto da sua linguagem abstracta, incapaz, se tivermos em conta as ideias expostas por Wilhelm Worringer, de transmitir por si só um sentimento, mas da sua eficácia como peças de uma dramaturgia. Não será o que se deve pedir a uma cenografia?

THE SCENARIOS OF JOÃO MENDES RIBEIRO:
A GENEALOGICAL APPROACH
Antoni Ramon Graels

Following the trail of something or somebody can be a pointless task, therefore it is possible that the genealogical study of João Mendes Ribeiro's [JMR] earlier scenography offers little of relevance in terms of understanding the basis of the artist's work. However, with this text we will make some attempt to find the right path. Our look at the past will focus on two issues: the first is related to the characterisation of theatre as a Total Work of Art or as an artistic activity with specific features; the second is connected to the existence, or inexistence, of an autonomous condition of scenographic construction. We will question the "how": the creative process, more specifically, the modes of production; and the "what": the work of art, in other words, the product. The results of this historical-theoretical research may allow a better understanding of João Mendes Ribeiro's scenarios.

> *Studio work is essentially characterised by its multidisciplinary nature and team work, attempting to combine knowledge from a number of fields.*
> João Mendes Ribeiro, *Autobiografia Crítica do Atelier*, 2004.

Since the second half of the 20th century there have been two trains of thought that have shown themselves to be effective in the endeavour of understanding and creating works of art. One stated that artistic production was driven by the activity of each individual discipline with its own materials. The other defended the necessity to create the Total Work of Art, in which traditional arts were married.

In 1919, when Bauhaus was formed in the city of Weimar, the founding Manifesto of the school written by Walter Gropius, who years later created the Total Theatre project for Erwin Piscator, defended the unity necessary to provoke "the new constructive activity of the future, which will occur in one unique form: architecture, sculpture and painting, which thousands of artisans' hands will lift to the skies as a crystalline symbol of a new faith that is emerging". According to the words of Gropius, this Work would be one and would encapsulate all of the ones that had been individually constructed. This desire to unite emerged from a Germany in turmoil, in a state of crisis after the defeat of World War I, very much imbued with romanticism. The thought of Richard Wagner regarding *Gesamtkunstwerk* was most certainly based upon the ideal that determined the teachings of the new school in its infancy. However, what we wish to highlight in this text is how the theatre studio, in the absence of an architecture studio that would only open in 1927, took on that role instead. In Weimar's Bauhaus, theatre substituted architecture as something that could be the orchestral work, the unifier of the arts and crafts. The mission of the individual school workshops would have to meet there. Space would be created within it.

A few years earlier, in *The Art of the Theatre*, Edward Gordon Craig pinpointed staging as the specificity of the theatre and challenged the demiurgical figure of the director. What is certain is, as mentioned by Adolphe Appia in his time, Wagner's opera had not achieved the synthesis that Craig referred to. Thanks to *leitmotiv*, only music and text were able to unite. Scenography became a decorative element, a pictorial, illusory and impoverishing addition, according to Appia, something with the symbolic weight of the maestro's music. The value of Wagner's proposal was found more in the scope of the ideas than in what was actually achieved, in the way of verbalising the desire to unite art and life, or rather, the way in which the world is artistically represented. The idea of the Total Work of Art was the result of a messianic mentality that wanted to redeem civilisation through art.

Within the environment of the vanguards of the Weimar Republic, which was also that of Bauhaus, the analytical insight of Bertolt Brecht shifted the Total Work of Art from the field of ideology to the context of the relations of production. In *About Experimental Theatre*, Brecht constructs a virtual theatrical Bauhaus, something that is simultaneously a place for theatre construction and constructors, where work is borne of collective endeavour, where each individual contributes with their own knowledge and materials, which are recognisable in the final product: "Neher's principle, according to which scenography is borne of the needs defined in theatrical rehearsals, meant that scenography was able to profit from the actor's performance and at the same time influence the actor's work. The author of the play was also able to work on these experiments in continuous collaboration with the actor and scenographer, influencing and being influenced. In parallel, painters and musicians regained their independence and became a part of the play using their own artistic tools: the total work of art was presented to the spectator with separate elements."

The new theatrical vanguards of the 60's, and those that came after them, would apply the legacy of their forerunners, in their own way and for their own individual goals, believing, or not, in the possibility or the necessity of achieving artistic synthesis and, in more concrete terms, theatrical synthesis. In the 60's, the disciplinary and totalising ideology became one, resolving the dichotomy demarcated at the time of the historic vanguards. However, in relation to the issue of the multidisciplinary nature of artistic creation, the various neo-avant-garde tendencies took on various guises, producing innovative artistic forms, such as happenings and performances, or promoting hybrid forms, such as Dance-Theatre.

Although we can find precedents in the period between the Wars, from the 60's onwards the issue is not so much related to the well-defined fields of the arts working together on a work of art that synthesises them but more the of breaking down the boundaries of traditional disciplines.

In relation to the creative process, JMR's scenography is almost always created in close contact with the individual theatre companies, seeking to bring together the work of the director/choreographer, lighting technicians, wardrobe and scenographers. The power of JMR's work, especially its effectiveness, is the result of integrating this collective effort.

It is not by chance that the monograph *JMR 92.02/Arquitectura e Cenografia*, a collection of his work from between 1992 and 2002, dedicates an important part to two conversations. One with the director Ricardo Pais and another with the choreographer Olga Roriz, both people who JMR has worked with on numerous occasions. We believe that this is simply the way work is done in the theatre, although it may not be the prevailing one.

What is most unusual about JMR is perhaps his capacity to transfer experiences from architecture to scenography, and vice-versa. The explorations with Laurie Anderson spring to mind, when her voice seems to suggest the sounds of a musical instrument and her violin seems like the human voice. In the case of JMR, a kiosk, which apparently is for exhibition purposes, could become the basis of a scenario, and an object designed for scenography could occupy the living room of a house. This is something that Olga Roriz refers to in one of cited dialogues: "I find it fascinating when I walk in the street and I see a sofa that has been thrown out... I feel like doing a show, right there and then!"

However, despite the existence of these contact points, architecture and scenography have their own distinct features. Creating an everyday object is not like creating something from the ephemeral life. Amongst others, we would like to focus on certain technical issues, such as weight, assembly or transportation, which doubtlessly impose different restrictions upon scenographic structures and pieces. It can be useful to the architect who is working on a scenographic project to have a basic knowledge, but he has to know how to transpose it to a field that already has its own distinct rules. JMR not only shifted his knowledge of architecture but he also used the design mechanisms of scenography in his architecture. We can talk of the multidisciplinary, as well as the interdisciplinary nature of these things, of the transfer of disciplines.

It ended up taking on a life of its own.
Conversation with Olga Roriz, September 15th, 1998.

Let's return to Bauhaus. It was there, in the Introductory Course, that László Moholy-Nagy gave theatre a different but equally important role in students' education. *The New Vision*, a fundamental text for those who want to understand the meaning of Moholy-Nagy pedagogy, plots an unequivocal course. It begins with exercises with materials, "accumulating impressions", knowledge relating to its superficial, textural, structural nature, with the desire to create surfaces. It continues with exercises that are done with bodies, with the intent of creating volume and it culminates with working on space. Each of these learning stages is related to artistic creation itself: painting (surface), sculpture (volume) and finally architecture (space). However, at this last level, and according to Moholy-Nagy, theatre can offer an experience similar to that of architecture, considering that both are arts of space. As something that is supposedly freer to respond to functional solutions, scenography can easily experiment with the creative elements of space: lines, surfaces and bodies that move beneath the light. In Oskar Schlemmer's theatre studio, the scenarios and actors change into abstract forms and the theatre into a magnificent architectonic experience. According to Moholy-Nagy, the performance environment is space in a pure state and, as such, we should not be surprised if architects are attracted to scenography.

If taken the wrong way, Moholy-Nagy's ideas could lead us to think of scenography as an autonomous form, induced by artistic desire. Edward Gordon Craig's remarks to Konstantin Stanislavski in 1913, where he confessed his desire to create a scene that didn't need actors while preparing the staging of *Hamlet* for the Moscow Art Theatre, could also lead us to draw the same conclusion. Craig had good reason to distrust the performance of his actors, if one looks at the cast photographs of the play. Craig had a burning desire to substitute the actors for his moveable panels, transforming the scenography into the much-desired actor-puppet, a plaything in the hands of the director. His aspiration was not to create an autonomous form but a dramaturgy of images, a desire that can be seen in some of Robert Wilson's work.

In these pieces, apart from the artist's personality and the features of artistic poetry, scenography becomes visual music upon which dance rests, removing the psychology and expressiveness but gaining pure form and movement. Sometimes his scenarios are considered autonomous forms, but that perspective implies forgetting the multifaceted personality of the artist, the aesthetic and scenographic aspects, the face of artistic director and playwright.

In order to clarify the question of the autonomy of scenography, it may be useful to consider Vsevolod Meyerhold's biomechanical devices of the 20's and read the documents where he justifies them. Like many others in vanguard movements, he was attracted to the power of the industry and the endeavour of skilled labourers reminded him of dance, defending the application of the Taylorism method to the work of an actor. The actor, in performing "strange" productive movements, is the worker, and the scenario the machine, free, writes Meyerhold – although nowadays we belittle it –, of representative, meaningful tasks; useful only to facilitate, or perhaps impose, the performance of the actors; a device that struggles against naturalism.

The scenography of João Mendes Ribeiro demonstrates the paradox of a form that is seemingly autonomous, of a space that has an artistic and narrative value but in reality is an instrument to serve dramaturgy.

JMR's scenario is presented thus. A performance space bereft of mystification, whose elements are displayed for what they are. In his first scenographic projects, JMR creates the scenic space by reducing its constituent elements to the maximum: surfaces and volumes, or rather, surfaces: ground, walls, ceilings,… and objects: tables, chairs, stairs and various artefacts. Contained but seeking complexity, just as the author himself has said.

It is with these intentions that JMR seems to create his scenography, being aware of the mechanisms that generate our sensory and intellectual experience of space. He always opts for simplicity, be it in the form or material of the scenic elements or objects, be it in the use of light. He always opts for reduction and rigour with an ascetic mentality, convinced that this does not reduce but rather stimulates the fantasy of the audience, without imposition, causing multiple associations without having to make them explicit.

A sloping floor, a table of pure and atypical forms become signs of instability that express the conflict between two characters in the play *Dear Monster*, by Javier Tomeo (1992). Two walls, where the openings can be seen as doors or windows, end up defining the dramatic environment. The scenario of *Dear Monster* is suggestive; it seeks to transpose the tension of the text to the space, in a metaphoric rather than literal translation. Uneasiness, anxiety, oppression can be transmitted in the exaggerated height of the walls and openings, or the perceptible lack of a ceiling, which allows us to catch a glimpse of the outside world and alludes to its influence upon the characters' transformation.

JMR works with similar intentions and forms in the scenario for *Comedy about the Coimbra City Emblem*, by Gil Vicente (1993). In it, the walls configure the inside of a cube, with one side removed. André Antoine's fourth wall, which Denis Diderot had referred to in *The Paradox of the Comedian*, changes direction, not only due to the use of *minimal* aesthetic language, but essentially because of the lack of realism of the spaces and situations. The closed interior becomes the holder of places in fables. It reminds us of Peter Brook's scenarios in *A Midsummer Night's Dream*, in 1970, although in the scenario of the *Comedy* the empty space can be physically transformed, thanks to the rotation of one of walls.

A certain unity of language – few and simple words, if we want to use the linguistic simile – characterises João Mendes Ribeiro's work with the Companhia de Teatro de Coimbra Night School. But that is not all. In this work, the focus concern is found at the limit. The intervention of the scenographer is focussed on its definition. This also occurred in *Portuguese Song*, which was created for the Companhia Nacional de Bailado (1997), where the demarcating element is not a wall but a long U-shaped bench that restricts the dance, a space that can be perceived as a controlled fragment of a bigger space, one that is imperceptible in the dark. The same occurs in *The Hour when We Knew Nothing about Each Other*, by Peter Handke (2001).

The emphasis placed upon the object is stretched to the very limit. This is what happens in *A Visitation*, the staging of four texts by Gil Vicente, where

Comédia sobre a Divisa
da Cidade de Coimbra
Comedy about the Coimbra
City Emblem
©JMR/A Escola da Noite

JMR produces an ingenious device that, when transformed, answers the scenic needs of the dramaturgy. The elements of its composition are hidden from the audience until they burst onto the scene. A chair, a ladder, a kind of bench, all of them appear on stage as if they were extra actors in the play. The isolated, transformable object continues to play the part of the protagonist of the performance environment in *Start and Stop Again* by Olga Roriz and her Companhia de Dança (1997), in *Savalliana* by the Companhia Nacional de Bailado (2000) and in Hélène Parmelin's *The Clowns' Entrance* in the same year. Scenic objects that are like furniture, which organises the distribution and use of a place. It is difficult to discern up to what point the object "that serves for a particular purpose" ends up being something that is "the objective in itself".

In *Private Property*, by Olga Roriz and the Companhia de Dança, Lisbon (1996), the object can be understood as a type of sculpturesque wall, where we find a chair hanging, a stepladder is lent against it, where a metal grate or sink is placed. Given its lack of formal definition this may represent an interior wall, a room or bedroom in a house, as much as a wall in the street... Rather than representing anything concrete, it is meant to be source of suggestion for the audience and the explorative starting point for the actors-come-dancers. In *Private Property*, the scenography can act as much as a platform for action as a platform of constraint, playing a role that is similar to that of the dancers' wardrobe in the *Triadic Ballet* (1916-1926) by Oskar Schlemmer.

Reference to this work is not extemporaneous, considering that it was reconstructed in 1977 by Gerhard Bohner, one of the pillars of German Dance-

Uma Visitação
A Visitation
©Augusto Baptista/
A Escola da Noite

Theatre. In Schlemmer's dances, the clothes deformed the actor's body in order to make it abstract. In *Private Property*, it is the scenography that moulds the movement of the dancer. In its different forms the actor's body is delineated, pulled to pieces in a way that is reminiscent of Meyerhold's biomechanical experiences, although in *Private Property* the scenario loses the *constructivist* referent so we can see images of everyday life.

"That object was to be inhabited, macerated, chewed and it did not exist", states Olga Roriz in 2002, in conversation with João Mendes Ribeiro regarding that particular experience. If, up until now, we would say that dance dictated the scenography, the choreographer's words suggest that the structures of Dance-Theatre gain substance, stimulated by the movement of the material in the scenario.

It seemed that we had studied it so well that we knew exactly what were the conditions that were imposed upon us, said Olga Roriz, speaking to JMR about the scenario for *Private Property*. However, the choreographer confesses that with this particular scenography she could stage another show: "[the scenography] imposed itself as almost as a perfect object to be inhabited… It ended up taking on a life of its own." And that is what it did in *Private Property* in 1998, which was a show that was born of the need to demonstrate to herself the possibility of "spending the rest of my career with the same scenography and always with different projects", and two years later in *F. I. M. (Fragments/Inscriptions/Memory)* in 2000.

It focussed on the limit, the configuration of space that is based on the position of objects that are carefully designed in terms of their role in a textual dramaturgy or a dramaturgy of images and, of course, of lighting design. Space, actor, light, things that have been connected by Adolphe Appia, who at the beginning of the 20th century foresaw the capacity for light to shape forms and bodies in such a way that it affected the senses and sentiments of the audience.

The role of light, and fundamentally its colour, link some of JMR's work with the art of Robert Wilson, someone who JMR frequently refers to when speaking about his work: "Bob Wilson is famous for spending more than one hundred hours on lighting tests and rehearsals of each of his productions. Light is the core of the majority of his shows and with tricks of the light he is able to achieve unique atmospheres and environments."

In *Leonce and Lena* by Georg Büchner, staged by A Escola da Noite in 1994, in Coimbra, the visual references to the scenes of Bob Wilson's *Die Goldenen Fenster* or *Orlando* are obvious. A link that can also be seen in the staging of *A List*, by Gertrude Stein, for Teatro da Cornucópia, Lisbon (1997), in *You Dance*, for the

Companhia Nacional de Bailado (1999) or in *Romeo and Juliet*, for the same Company in 2001.

JMR's latest scenographic work is not one but three. *D. João, Don Juan or le Festin de Pierre* by Molière, *Fiore Nudo*, a montage based on fragments of Mozart and Da Ponte's *Don Giovanni*, and *Scenic Readings: Friar Luís de Sousa* by Almeida Garrett, at the Teatro Nacional de São João, Porto (2006). It may seem that this is some kind of turning point in relation to his previous work. Certainly there are cracks on the surface; the materials lose their purity. Meanwhile, the mentality of the construction design is the same. Create "a versatile and open structure", multifunctional, capable of adapting to dramaturgical and/or stylistic specificities of the different pieces.

The reduction of elements and their capacity to be transformed.

In his creation of scenic structures João Mendes Ribeiro clearly demonstrates an extreme coherence. Its form leans toward the elementary and the purity of lines and shapes. Its material nature is exemplary. Its aesthetic character is stripped down and reduced. Its expressive nature, its capacity to affect the audience, does not come so much from its abstract, incapable language, if we take into account the ideas of Wilhelm Worringer, of transmitting only one sentiment, but more from its effectiveness as pieces of a dramaturgy. Is that not what one should expect from scenography?

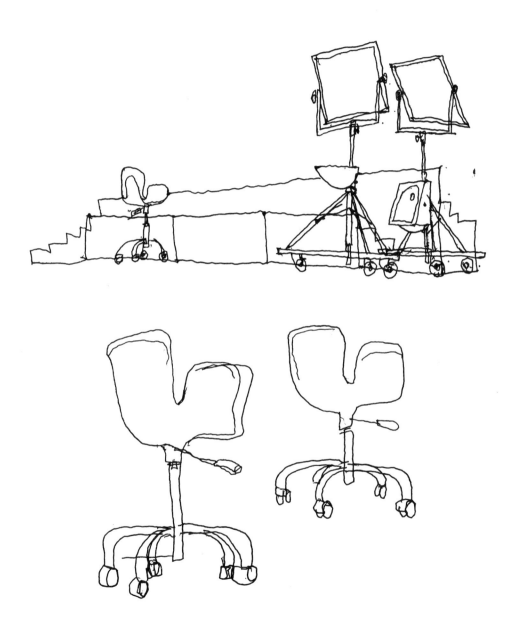

OBJECTOS INTELIGENTES E CORPOS VELOZES
Daniel Tércio

> *Forms [...] are creations of the mind. In their most elementary theoretical conception they are still devoid of forces. Such are the forms that populate geometry.*
> RUDOLF ARNHEIM[1]

> *O cenário é um amante discreto.*
> OLGA RORIZ[2]

UM HOMEM sustém entre os braços uma mulher; ele equilibra-se dificilmente sobre nove paralelepípedos devidamente alinhados no chão do palco enquanto ela se deixa escorregar, entre sentimentos em ruínas. A cena é de *Anjos, Arcanjos, Serafins, Querubins... e Potestades*, um espectáculo coreografado por Olga Roriz, em 1998, com cenografia de João Mendes Ribeiro [JMR]. Longe dos protocolos convencionais do bailado, o espectáculo revela uma dramaturgia fragmentada e obsessiva em grande medida ancorada sobre o dispositivo cénico.

Uma das mais importantes transformações que as artes performativas sofreram na segunda metade do século XX traduziu-se não apenas na organização do espaço cénico, mas também na forma de ocupar esse espaço. O ocupante – actor ou bailarino – operou uma passagem radical na relação com o espectador: deixou de representar e passou a agir. Quer isto dizer que representar cedeu progressivamente lugar a apresentar. A dança, que estava tradicionalmente mais livre do texto, fê-lo porventura de maneira mais fácil do que o teatro. O corpo, enquanto presença primeira, passou a estar antes da personagem. A verdade da carne – a verdade dos músculos, das articulações, dos pesos e dos fluidos corporais – passou a anteceder, anulando ou desocultando, a presença das palavras. O corpo do *performer* voltou a estar amparado, como o de todos os homens, pelo esqueleto e não apenas pelo verbo.

Uma tal transformação teria inevitavelmente consequências sobre a arquitectura teatral e sobre a cenografia. Abandonados os telões estáticos e os expedientes decorativos da cena dramática, passar-se-ia a exigir aos objectos cénicos

[1] Rudolf Arnheim, "The completeness of physical and artistic form", in *British Journal of Aesthetics*, 34 (2), April 1994, p. 109.

[2] AV, *JMR 92.02 / Arquitectura e Cenografia*, Coimbra, XM, 2003, p. 38.

um outro nível de interacção com todas as coisas em presença, incluindo o texto, nos casos em que ele persistia. Essa transformação permitiu também renovar a discussão acerca da fronteira entre duas disciplinas autónomas: a arquitectura e a cenografia.

JMR propõe – por razões óbvias, que se prendem desde logo com a sua formação académica de base e respectiva filiação na Escola de Arquitectura do Porto – uma relação natural entre a prática da arquitectura e a oficina cenográfica. Tal relação não significa uma ameaça à independência de uma disciplina relativamente a outra, proverbialmente estabelecida sobre a diferença entre o projecto e a oficina e entre o perene e o efémero. "Se um cenário é experienciado bruscamente", diz JMR, "respondendo de forma flexível, na arquitectura os edifícios têm necessariamente que ser corpos, reflectindo a mutação dos usos."[3] Saliente-se ainda que em arquitectura se separa a fase do "projecto/concepção" da fase da "obra/construção", enquanto em cenografia a oficina é por excelência o lugar para projectar. O que JMR admite e promove nas suas práticas criativas é a possibilidade de intersecção entre os dois territórios. Neste sentido, a sua obra cenográfica constitui espaço de experimentação de processos e linguagens comuns à arquitectura, sendo que a própria arquitectura pode acolher os procedimentos ensaiados na oficina do palco. Existe um processo de hibridação e de experimentação que facilita e promove as relações entre os dois territórios.

Consequentemente, é legítimo afirmar que para a cena dramática, seja esta a do teatro ou a da dança, JMR traz a solidez estrutural do volume da arquitectura e o conhecimento dos materiais construtivos. Conforme o próprio declara, "é facilmente reconhecível, na maioria dos meus trabalhos de cenografia, a minha formação em arquitectura, isto é, a dominância do gesto arquitectónico na concepção dos espaços cénicos"[4]. No que respeita à concepção e à criação de objectos cénicos, o arquitecto devolve ao *performer* a verdade material das coisas: o respectivo peso, os procedimentos construtivos inerentes às substâncias adoptadas, as texturas originais. Os dispositivos cenográficos de JMR deixam de ser ilusionistas em si próprios, mesmo quando participam na cena de ilusão que algum teatro e alguma dança ainda perseguem. Por outro lado, como o próprio criador sublinha, "o efeito de ilusão é reforçado pela utilização de materiais reais, como a pedra, a água e a terra, fora do seu contexto natural"[5]. A verdade de tais objectos coloca o espectador face a uma cenografia essencialmente orgânica que é, também paradoxalmente, como veremos, de vincado teor mental.

Encarado pelo lado da prática da arquitectura, é também possível detectar processos de migração do palco para diversos projectos de intervenção na cidade. Tal como na cena dramática, os programas de reabilitação de equipamentos urbanos suscitam um desenho que deve estar disponível para o inesperado dos

[3] Citado em Bruno Gil, Carina Silva e Vera Pinto, "João Mendes Ribeiro. Arquitectura & Cenografia", in *Revista NU* (5), Nov. 2002, p. 8.

[4] *Idem*, p. 7.

[5] João Mendes Ribeiro, *Exposição Portugal 1990/2004*, Triennale di Milano, Novembro de 2004 (texto policopiado).

materiais, das estruturas e dos revestimentos. JMR manifesta esta disponibilidade sobretudo naqueles casos em que, no domínio das preexistências, se encontra o fragmento e/ou a ruína. Veja-se, em especial, o caso da Casa de Chá para as Ruínas do Paço das Infantas no Castelo de Montemor-o-Velho, mas também, parcialmente, a recuperação da ala poente do antigo Colégio das Artes em Coimbra e a remodelação do Laboratório Chimico da Universidade de Coimbra. Atento à história dos lugares, às micro-histórias que atravessam o tempo, aos sinais residuais que pontuam os espaços, JMR adopta procedimentos retroactivos que de algum modo anulam a separação entre as fases do "projecto/concepção" e da "obra/construção". A arquitectura torna-se assim mais claramente processo. E em certa medida processo de encenação.

Aproximemo-nos de dois dos casos já referidos e acrescentemos um terceiro, para sinalizar deste modo o processo de encenação realizado, no âmago da arquitectura, entre duas polaridades: a cenográfica e a *cinetográfica*, entendida esta a partir do conceito de *cinesis* (ou movimento). O primeiro caso a referir é o projecto para o Centro de Artes Visuais – Encontros de Fotografia, inscrito no programa de recuperação da ala poente do antigo Colégio das Artes em Coimbra. Aqui, quatro subcasos ilustram a importação da lógica do palco teatral para o amplo interior do edifício: as paredes pivotantes, que funcionam indiferentemente como separadores e expositores e que possibilitam as mutações do espaço à maneira de painéis e praticáveis de cena; o soalho de madeira, organizado em quarteladas como o chão de um palco e que, neste caso concreto, permite aceder às antigas celas do Tribunal do Santo Ofício; o passadiço metálico que corre superiormente, como o passadiço dos urdimentos teatrais, e que aproxima o olhar à magnífica estrutura do telhado; finalmente, o cuidado na moldagem da luz – tão importante na cena dramática –, que JMR desenha recuperando os dois lanternins preexistentes e a que acrescenta um novo volume piramidal indispensável para clarificar o acesso ao piso superior. Um segundo caso a destacar é o da Casa de Chá para as Ruínas do Paço das Infantas no Castelo de Montemor-o-Velho: em primeiro lugar, o próprio processo de implantação no terreno, com a construção de um *plateau* de 15 m x 10,6 m no interior da ruína, como se de um palco de silêncios se tratasse e onde o objecto da "casa" vai fisicamente pousar; em segundo lugar, a escada de inclinação excessiva, que leva a um piso superior, acedendo a uma fenestração antiga, que bem poderia ser o janelão de uma tragicomédia observado do lado dos bastidores; finalmente, no interior da "casa", a parede de madeira, rasgada por uma longa caixa, lugar dinâmico de microacontecimentos a serem contemplados da banda do *foyer*. Este último exemplo ilustra bem a passagem para uma terceira proposta, conhecida apenas como projecto: a escada mecânica no Castelo de Rivoli. Aqui, a

Casa de Chá
Tea House
©JMR

[6] AV, *JMR 92.02 / Arquitectura e Cenografia*, Coimbra, XM, 2003, p. 235.

[7] José Gil, *Movimento Total. O Corpo e a Dança*, Lisboa, Relógio d'Água, 2001, p. 15.

solução proposta por JMR para vencer a diferença de cotas entre a Praça Bollani no centro histórico de Rivoli e o castelo passa pela concepção de um condutor constituído por três conjuntos de escadas rolantes. A aproximação deste projecto às artes do espectáculo reside tanto no respeito pela coreografia do lugar, pelos percursos preexistentes, como pela exposição do movimento dos corpos do viajante, do actor que sobe e do actor que desce, como finalmente pela oportunidade de tornar o viajante, também ele, espectador do palco da cidade; tal como JMR escreve na respectiva memória descritiva, "como numa dança, o espaço dos condutores é um movimento que, apesar de condicionar, explora diferentes sensações"[6].

A disciplina do espaço – a disciplina de que JMR é exímio criador – incorpora neste momento a velocidade dos corpos. E, nesta medida, a austeridade estática pode ser dissolvida pelo movimento e a arquitectura tornar-se uma *cinética*. Mas a arquitectura, enquanto proposta de espaço habitável, pode também oferecer-se a si própria como matéria a esburacar. "O gesto dançado abre no espaço a dimensão do infinito", escreve José Gil, "seja qual for o lugar onde se encontra o bailarino, o arabesco que descreve transporta o seu braço para o infinito. [...] Contrariamente ao actor de teatro cujos gestos e palavras reconstroem o espaço e o mundo, o bailarino esburaca o espaço comum abrindo-o até ao infinito."[7]

Este espaço que o bailarino esburaca confunde-se, nas sociedades ocidentais contemporâneas, com o espaço cénico. Daí a importância de elucidar a relação que a cenografia – enquanto disciplina de organização do espaço cénico – estabelece com as artes performativas, em especial com a dança. Uma das coreógrafas com quem João Mendes Ribeiro mais tem colaborado, Olga Roriz, diz que "um objecto cenográfico está para o intérprete como o próprio texto, ou como o próprio gesto. A cenografia condiciona. Ao condicionar, tem que se descobrir outra relação entre o corpo e o espaço e a maior parte das vezes originam outras dimensões."[8] JMR, por seu lado, considera que em dança consegue "ir um pouco mais longe [do que no teatro], associando os objectos a uma ideia de movimento". O quadro de relações é pois certamente singular. Assim, e a título de exemplo, alterações na inclinação do palco interferem por vezes drasticamente nas possibilidades do movimento (é conhecida a dificuldade que alguns bailarinos clássicos têm ao dançar em palcos de teatros de ópera) e os objectos cénicos, que no teatro frequentemente permitem ancorar o texto e a encenação, podem constituir em dança terríveis obstáculos. Seja como for, do ponto de vista da dança, a cenografia oferece o terreno onde os corpos podem mostrar as suas próprias velocidades. Ora, os corpos de dança são sempre, em certo sentido, corpos velozes, sendo o estado de repouso um ponto de abrandamento. Para a dança, a cenografia pode pois resultar tanto em dispositivo de aceleração, quanto de abrandamento. Em qualquer dos casos, ao participar na cena dramática, a cenografia pode jogar-se na extrema neutralidade, na quase ausência ou, pelo contrário, numa ocupação transbordante do espaço. A obra de JMR situa-se algures em pontos intermédios entre a aceleração e o abrandamento e entre o vazio de um Peter Brook e o teatro de imagens de Bob Wilson. Se os conceitos de aceleração/abrandamento e de vazio/preenchimento são importantes para categorizar as propostas cenográficas de JMR, importa não perder de vista o elemento unitário das suas cenografias – o objecto cénico.

Os objectos cénicos de JMR são desenhados enquanto estruturas abstractas e minimais. É através do seu uso dramático – em teatro – ou da sua mobilidade – em dança – que eles revelam as diferentes possibilidades de configuração. Há, portanto, o objecto e a sua manipulação, a coisa e a velocidade. E sobrevém uma inteligência própria das coisas. Ou seja, JMR sabe tirar partido das dificuldades, tornando possíveis as impossibilidades. Uma rampa de inclinação exagerada passa a funcionar como o lugar exposto do amor entre um homem e uma mulher (*Não Destruam os Mal-Me-Queres*, 2002), ou um tanque iluminado de água torna-se o espaço em que dois amantes se lançam nos braços um do outro (*Pedro e Inês*, 2003). Como sabíamos pelo menos desde o teatro-dança de Pina Bausch, a superfície do palco não tem que ser amigável. JMR concentra aí o universo simbólico das peças: é aí, nesse primeiro pavimento, nessa primeira pele, que estão as raízes da percepção. As raízes do universo perceptivo.

Na obra de JMR, tanto no desenho arquitectónico quanto na construção cenográfica, a caixa e o contentor constituem, sem a esgotar, duas tipologias

[8] AV, *JMR 92.02 / Arquitectura e Cenografia*, Coimbra, XM, 2003, p. 38.

principais. Em ambas existe uma forma de sustentação – o paralelepípedo – e em grande medida uma similitude funcional. Do ponto de vista do espectador/fruidor, o que os distingue é sobretudo a escala, enquanto o que os une é ainda a combinação dos valores de solidão e serenidade com a regra geométrica. O director teatral Ricardo Pais considera JMR um "asceta do objecto cénico", um criador de "contentores geométricos, em que os corpos depois se movimentam de determinada maneira", alguém que propõe "uma visão muito fria dos corpos"[9]. Na verdade, a caixa e o contentor são transversais à obra de JMR. A prová-lo nomeie-se, a título de exemplo, do lado da arquitectura, o delicado contentor transparente que é a Casa de Chá no Castelo de Montemor-o-Velho, anteriormente referido, o longo contentor de madeira no piso 1 do Centro de Artes Visuais, que acolhe os diversos serviços dos laboratórios de fotografia, os quiosques para o parque da Expo 98 (desenhados com Pedro Brígida) e o quiosque para a Praça de D. João I, no Porto, em que o jogo de baldes de alumínio suspensos de uma espécie de teia interior remete inevitavelmente para o dispositivo cénico. Do lado da cenografia, o contentor está presente nas propostas modulares de espectáculos como *Propriedade Privada* (1996) e *Entradas de Palhaços* (2000) e torna-se caixa transportável e multifuncional em *Anjos, Arcanjos, Serafins, Querubins... e Potestades* (1998). Este trabalho, a que já aludimos no início do texto, começa com a entrada de cada uma das personagens num palco vazio, transportando uma mala que se transmutará, durante a acção, em mesa e bancos. Entendendo por inteligência a capacidade de, em cada momento, se encontrar a melhor solução para reorganizar um sistema, este objecto caixa-mala-mesa-banco pertence definitivamente ao universo das coisas inteligentes. Não é pois de estranhar que um tal objecto – que acumula a beleza geométrica à beleza funcional – tenha sobrevivido ao instante do espectáculo. Em 2001, viaja a Marrocos, para a exposição "Inventário do Património Edificado de Origem Portuguesa", depois a Berlim, para a exposição "Paisagens Invertidas", no Pavilhão de

[9] *Idem*, p. 26.

O.R. Mala – Mesa + 2 Bancos
O.R. Suitcase – Table + 2 Stools
© Patrícia Almeida

Propriedade Pública
Public Property
©Jorge Gonçalves/
Companhia Olga Roriz/
Bailarinas/Dancers:
Adriana Queiroz, Sónia
Aragão, Carla Ribeiro.

Portugal no XXI Congresso Mundial de Arquitectura e, finalmente, oferece-se como objecto comercializável.

A dominância geométrica e a austeridade dos objectos cénicos de JMR não diminuem, antes potenciam, as possibilidades de leitura de cada uma das suas propostas de palco. Um dos aspectos igualmente interessantes está, neste ponto, no modo como o criador lida com o peso e com a leveza das coisas.

Em *Propriedade Privada* de Olga Roriz, JMR propõe uma construção móvel, manipulável, de múltiplas leituras e com alto grau de variabilidade. O cenário permanece oculto durante os primeiros minutos, vendo-se apenas fragmentos de corpos suspensos no vazio. No final, tudo é abandonado à condição residual. Mas, durante a acção, podemos dizer que é no movimento dos corpos que se processa o dispositivo cénico. As respectivas possibilidades mecânicas são esclarecidas graças à biomecânica dos intérpretes. Também aqui o espectador reconhece um mecanismo inteligente – um dispositivo de rodas associado a um sistema de alavancas – que vive com e para a velocidade dos corpos. Também aqui o espectador sente a pesada pele da memória colada sobre uma estrutura fluida. A colaboração com Olga Roriz surge numa lógica de contracena, já que a poética da coreógrafa é profundamente marcada pelo fragmento e pela ruína, enquanto na poética de JMR pululam as formas austeras da mais dura geometria. Do encontro entre os dois resulta algo extremamente estimulante. Em espectáculos como *Propriedade Privada* ecoam, porventura mais nítidos, os estilhaços dos sentimentos, aí se reflectindo a erosão dos afectos. Longe dos jardins românticos, a ruína, em Olga Roriz, é um estado espacial e interior por onde os intérpretes vagueiam. A ruína não está contida pelo jardim, ela contém o jardim, a sua manifestação simbólica, tal como está condensado no canteiro verde desenhado por JMR para *Não Destruam os Mal-Me-Queres*.

Já em *A Casa de Bernarda Alba* (2005), JMR teve que conceber um dispositivo com serventia para as duas versões, a dramática, encenada por Diogo Infante e Ana Luísa Guimarães, e a bailada, coreografada por Benvindo Fonseca. A solução passou pela criação de um objecto suspenso, poderoso e ambiguamente opressivo, adequado ao texto de Lorca. Com efeito, esse objecto de geometria suspensa, rectangular, tanto pode ser lido a partir da ausência interna, uma espécie de símbolo da negrura da alma, quanto como um tecto asfixiante, ainda assim vazado como última possibilidade de libertação.

O conjunto da obra cenográfica de JMR pode ser elucidado em termos de forma *(form)* e configuração *(shape)*. Rudolf Arnheim estabelece a distinção entre estes dois conceitos nos seguintes termos: "a cube is a form, but a cubic shape, built from any material, can never be quite cleaned of its accidental impurities"[10]. Segundo este autor, a forma pode ser definida como uma interacção entre o equilíbrio e o tema estrutural, ou estrutura anabólica. Ora neste sentido, os objectos cénicos de JMR aproximam-se da condição de forma, tal como Arnheim a descreve. Eles ostentam discretamente uma regularidade, uma simetria, uma simplicidade na distribuição de materiais e de forças no interior de um sistema, integrando simultaneamente uma estrutura combinatória que autoriza o seu próprio crescimento cénico.

Em suma, objectos inteligentes, capazes de participar na reorganização de um sistema: objectos inteligentes para corpos velozes. E vice-versa.

[10] Rudolf Arnheim, *op. cit.*, p. 109.

INTELLIGENT OBJECTS AND SWIFT BODIES
Daniel Tércio

> *Forms [...] are creations of the mind. In their most elementary theoretical conception they are still devoid of forces. Such are the forms that populate geometry.*
> RUDOLF ARNHEIM[1]

> *The scenario is a discrete lover.*
> OLGA RORIZ[2]

A MAN HOLDS A WOMAN IN HIS ARMS; he just manages to keep his balance on nine parallelepipeds set out in a line on the floor, while she lets herself slide, among ruined feelings. The scene is from *Angels, Archangels, Seraphs, Cherubs... and Powers*, a piece choreographed by Olga Roriz in 1998, with scenography by João Mendes Ribeiro [JMR]. Far from the conventional protocols of dance, the show offers a fragmented and obsessive dramaturgy that is anchored by its scenarios.

One of the most important changes that happened in the performing arts in the second half of the 20th century was not only in scenic terms but also in the way that scenic space was occupied. The occupier – actor or dancer – performed a radical transformation in relation to the spectator: moving from acting to action. Acting increasingly gave way to presenting. Dance, which was traditionally freer from text, made the transition more easily than theatre. As a prime presence, the body began to come before the character. The veracity of the flesh – the truth of muscles, joints, bodily weight and fluids – began to precede, annulling or revealing the presence of words. The body of the performer, like that of all men, was once more propped up by the skeleton and not only by the verb.

Such a transformation would inevitably have consequences regarding theatre architecture and scenography. Abandoning static advertising curtains and decorative devices of the dramatic scene, the demands placed upon scenery are now of a different kind, demands that raise the level of interaction with all of the other things present, including text, where it still exists. This change also

[1] Rudolf Arnheim, "The completeness of physical and artistic form", in *British Journal of Aesthetics*, 34 (2), April 1994, p. 109.

[2] AV, *JMR 92.02/Arquitectura e Cenografia*, Coimbra, XM, 2003, p. 38.

revived the debate about the boundary between two autonomous disciplines: architecture and scenography.

JMR proposes – for obvious reasons that are related to his academic training and affiliation with Escola de Arquitectura do Porto – a natural relationship between the practice of architecture and the art of scenography. Such a relationship in no way constitutes a threat to the independence of either of the disciplines in relation to the other, proverbially established regarding the difference between the project and the workshop and between the enduring and the ephemeral. "If a scenario is abruptly experienced", says JMR, "flexibly speaking, in architecture buildings necessarily have to be bodies, reflecting the variation of uses."[3] It is worth highlighting that architecture still separates the "planning/creation" phase from the "work/construction" phase, while in scenography the planning place *par excellence* is the workshop. What JMR acknowledges and promotes in his creative work is the possibility of an intersection between the two fields. Thus, his scenographic work experiments with processes and languages that are common to architecture, with architecture itself being able to take up the procedures practiced in the stage's workshop, a process of hybridisation and experimentation that facilitates and encourages the relationship between the two.

Consequently, we can legitimately assert that JMR brings the structural sturdiness and knowledge of architecture's construction materials to the stage, be it for theatre or dance. As the man himself states, "in most of my scenographic work it is easy to see my training in architecture, with the architectonic that pervades my scenographic creations"[4]. The architect gives back the material truth of things to the performer, in terms of the conception and creation of scenic objects: the respective weight, the constructive procedures inherent in the materials used, the original textures. JMR's scenic devices are not illusionist *per se*, even when they are part of the scene of illusion that some theatre and dance continue to pursue. However, as the artist himself highlights, "the effect of illusion is reinforced by the use of real materials out of their natural context, like stone, water and earth"[5]. As we shall see, the veracity of such objects confronts the audience with an essentially organic scenography that is also, paradoxically, strongly cerebral.

Considered from the practical perspective of architecture, it is also possible to detect migratory processes from the stage to architectural projects in the city. Just like in drama scenes, urban redevelopment programmes must be willing to include some less likely materials, structures and finishes. JMR particularly shows this willingness where he finds a fragment and/or a ruin of the existing structure. Observe the Casa de Chá (Tea House) for the Paço das Infantas Ruins

[3] Quoted in Bruno Gil, Carina Silva and Vera Pinto, "João Mendes Ribeiro. Arquitectura & Cenografia", in *Revista NU* (5), Nov. 2002, p. 8.

[4] *Idem*, p. 7.

[5] João Mendes Ribeiro, *Exposição Portugal 1990/2004*, Triennale di Milano, November 2004 (polycopied text).

in Montemor-o-Velho Castle, also to some degree the rebuilding of the west wing of the Colégio das Artes in Coimbra, and the refurbishing of the Laboratorio Chimico da Universidade de Coimbra. JMR, in his awareness of the history of places, the micro-histories through time, and the residual traces that appear in the different spaces, adopts retroactive procedures that somehow remove the separation between the "planning/creation" phase and the "work/construction" phase. Thus, architecture more clearly becomes process and, partially, a staging process.

Let us take a closer look at two of the cases we have already mentioned and add a third, in order to characterise the staging process at the core of architecture, between two extremes: the scenographic and the cinetographic, seen from the perspective of the concept of kinesis (or movement). The first case to look at is the project for the Centro de Artes Visuais – Encontros de Fotografia, which was part of the renovation programme of the west wing of the old Colégio das Artes in Coimbra. Here there are four subcases that illustrate the importance of the theatrical stage for the rather ample interior of the building: walls on pivots, which function as separators, as well as displays, and facilitate the changeability of the space, like panels and props in a scene; the wooden floor is divided into sections, like the floor of a stage and, in this particular case, this gives access to the old cells of the Tribunal do Santo Ofício; the metal walkway that is situated above, like the walkways of theatrical intrigues, and which draws the eye to the magnificent structure of the roof; finally, the care taken with the light mouldings – so important in the dramatic scene – and that JMR designs, recovering two of the old lantern-lights and adding a new pyramid fixture so crucial to the illumination of the accesses to the top floor. The second case to look at is that of the Casa de Chá (Tea House) for the Paço das Infantas Ruins in the Montemor-o-Velho Castle: firstly, the process of setting it up with the construction of a 15 m x 10,6 m plateau inside the ruin, as if it were a stage for silence and where the object of the "house" would physically sit, the excessively steep stairs leading up to a higher floor, accessing an ancient fenestration, which could well be the large window of a tragicomedy seen from the wings; lastly, the inside of the "house", the wooden wall, with a long box across it, a dynamic place of microevents being seen from the *foyer* side. This last example is a good illustration of the passage for the third proposal, one only at the project stage: the mechanical stairs for Rivoli Castle. Here JMR proposes to overcome the difference in altitude between Bollani Piazza in the old centre of Rivoli and the castle by using the concept of a structure made up of three sets of escalators. The similarity of this project to the world of performing arts lies both in the respect for the choreography of the place, for the existing paths, as well as the exhibition of the travellers moving bodies, of the actor going up and the actor coming down, also finally for the opportunity to make the traveller the spectator when viewing the city stage; just like JMR writes in the respective description, "like in a dance, the space of the drivers is a movement that, despite being a limitation, explores different sensations"[6].

[6] AV, *JMR 92.02/Arquitectura e Cenografia*, Coimbra, XM, 2003, p. 235.

The discipline of the space – the discipline of which JMR is an eminent creator – incorporates the swiftness of bodies and, as such, movement can dissolve the static austerity and the architecture becomes a kinetic. But architecture as inhabitable space can also be a self-offering, as material to be perforated. "The danced gesture opens up an infinite dimension in space", writes José Gil, "wherever the dancer is found, the delineated arabesque that transports the dancers arm into infinity. [...] Unlike the theatre actor, whose gestures and words reconstruct the space and the world, the dancer perforates the common space, opening it up into infinity."[7]

[7] José Gil, *Movimento Total. O Corpo e a Dança*, Lisboa, Relógio d'Água, 2001, p. 15.

In contemporary western societies this space, which the dancer perforates, blurs with the scenic space. From there comes the importance of elucidating the relationship that scenography (as a discipline of the organisation of scenic space) forms with the performing arts, especially with dance. Olga Roriz, one of the choreographers with whom João Mendes Ribeiro has worked with the most, says that "for a performer a scenic object is like the text or gesture itself. The scenography restricts. When restricted, one has to discover another relationship between the body and the space and the majority of times this originates

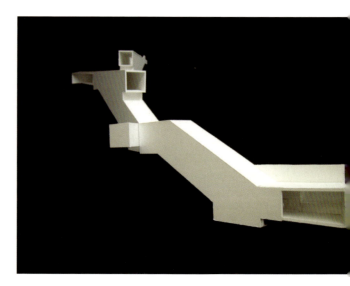

Rivoli
©JMR

other dimensions"[8]. JMR believes that one can "go further in dance [than in theatre], associating objects with an idea of movement". The scene of relationships is certainly unusual. Thus, for example, changes in the slope of the stage sometimes drastically alters the possibilities of movement (it is a well known fact that some classical dancers have considerable difficulty in performing on the stages of opera theatres) and scenic objects, which often support the text and the staging process, can constitute a terrible obstacle in dance. However one looks at it, from the perspective of dance, scenography offers terrain where bodies can show their own speeds. To some degree, dance's bodies are always swift bodies, the state of repose being a braking point. For dance, scenography can result in both an accelerating and braking device. In any of these cases, by participating in the dramatic scenario, scenography can play on neutrality, in the almost total lack of or, on the contrary, the excessive occupation of space. The work of JMR is situated somewhere in between accelerating and slowing and between the void of a Peter Brook and Bob Wilson's theatre of images. If the concepts of accelerating/slowing and of void/filling are important for categorising JMR's scenographic ideas, it is important not to lose sight of the unitary element of his scenography – the scenic object.

JMR's scenic objects are designed as abstract and minimal structures. It is via their dramatic use (in theatre) or their mobility (in dance) that the objects reveal their different configurative possibilities. There is the object and how it is manipulated, the thing and the speed, and an intelligence of the things

[8] AV, *JMR 92.02/Arquitectura e Cenografia*, Coimbra, XM, 2003, p. 38.

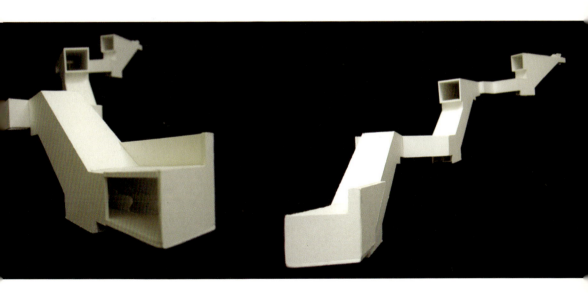

themselves arises. JMR knows how to make the most of difficulties, making the impossible possible. A very steep ramp begins to function as an exposed place for love between a man and a woman (*Don't Destroy the Marigolds*, 2002), or an illuminated water-tank becomes the place where two lovers fall into each other's arms (*Pedro and Inês*, 2003). As we already knew, at least since the theatre-dance of Pina Bausch, the stage surface does not necessarily have to be kind. Here JMR concentrates the symbolic world of pieces: it is there, in that first paving, in that first skin, that the roots of perception are found, the roots of the world of perception.

In JMR's work, both in architectural design and in scenographic construction, the box and the container constitute two main typologies, albeit two choices among many. In both there is a support – the parallelepiped – and a considerable functional similitude. From the perspective of the spectator/catalyst, what distinguishes them is mainly scale, while what unites them is the combination of the values of solitude and serenity in relation to the geometric rule. The theatre director Ricardo Pais considers JMR to be an "ascetic of the scenic object", a creator of "geometric containers, in which bodies move in a certain way", someone who proposes "a very cold vision of bodies"[9]. In reality, the box and the container are a constant in JMR's work. As proof of this, in terms of architecture, we can see the delicate transparent container that is the Casa de Chá (Tea House) in

[9] *Idem*, p. 26.

Pedro e Inês
Pedro and Inês
© Alceu Bett –
Ag. Espetaculum/CNB

the abovementioned castle in Montemor-o-Velho, the long wooden container on floor 1 of Centro de Artes Visuais that houses the various services of the photography laboratory, the kiosks for the Expo 98 park (designed in conjunction with Pedro Brígida) and the kiosk for D. João I Square, in Porto, where a set of aluminium buckets, suspended from a kind of interior web, inevitably leads us to the scenario. In terms of scenography, the container is present in the modular forms of shows like *Private Property* (1996) and *The Clowns' Entrance* (2000) and becomes a transportable and multifunctional box in *Angels, Archangels, Seraphs, Cherubs… and Powers* (1998). This work, which was mentioned at the beginning of this text, starts with the entrance of each of the characters onto an empty stage, carrying a suitcase that would transmute into a table and stools during the play. Understanding intelligence as the capacity in each moment of finding the best solution for reorganising a system, this box-suitcase-table-stool object definitively belongs to the world of intelligent things. It is no surprise that such an object (one that combines geometric beauty with functional beauty) has outlived the show itself. In 2001, it travelled to Morocco for the "Inventory of Building Heritage of Portuguese Origin", then to Berlin, for "Reversed Landscapes", in the Portuguese Pavilion at the 21st World Architecture Congress and, finally, it was made commercially available.

The geometric dominance and the austerity of JMR's scenic objects do not diminish but rather enhance the possibilities of understanding each of his stage ideas. One of the equally interesting aspects on this point is in the way JMR deals with the weight and lightness of things.

In Olga Roriz's *Private Property*, JMR produces a mobile construction that can be manipulated, one that can be seen in a number of ways and with high degree of variability. The scenario remains hidden for the first few minutes, with just glimpses of suspended bodies in the void. At the end, everything is left to its residual state. However, during the piece, we can say that it is in the movement of the bodies that the scenic object functions. The respective mechanical possibilities are clarified, thanks to the biomechanics of the performers. Here again the audience recognises an intelligent mechanism – something on wheels associated with a system of levers – that lives with and for the swiftness of bodies. Here again the audience senses the weight of the skin of memory glued upon a fluid structure. The collaboration with Olga Roriz comes from the logic of the antiscene, as the aesthetic sense of the choreographer is profoundly distinguished by fragment and ruin, while the aesthetics of JMR produce the austere forms of the hardest geometry. Something extremely stimulating results from the meeting of the two. In shows like *Private Property* the splinters of feelings echo, perhaps more clearly, reflecting the erosion of affections. Far from the romantic gardens, in Olga Roriz the ruin is a spatial and inner state where performers roam. The ruin is not contained by the garden, the garden is contained by the ruin, its symbolic manifestation, assumed up by green flower bed designed by JMR for *Don't Destroy the Marigolds*.

In *The House of Bernarda Alba* (2005), JMR had to create one piece for two versions, for the drama staged by Diogo Infante and Ana Luísa Guimarães, and the dance, choreographed by Benvindo Fonseca. This was achieved by the creation of a suspended, powerful and ambiguously oppressive object, appropriate for Lorca's text. Indeed, that object of suspended, rectangular geometry can be understood either as internal absence, a type of symbol of the gloom of the soul, or as a suffocating ceiling, although moulded as the last possibility of freedom.

The whole of JMR scenographic work can be explained in terms of form and shape. Rudolf Arnheim makes the distinction between these two concepts in the following terms: "a cube is a form, but a cubic shape, built from any material, can never be quite cleaned of its accidental impurities"[10]. According to this author, form can be defined as the interaction between balance and structural theme, or anabolic structure. Thus, JMR's scenic objects are close to the condition of form as Arnheim describes it. They discretely display an evenness, a symmetry, and a simplicity in the distribution of materials and of forces within a system, simultaneously integrating a combining structure that authorises its own scenic growth.

In short, intelligent objects, capable of participating in the reorganisation of a system: intelligent objects for swift bodies. And vice-versa.

[10] Rudolf Arnheim, *op. cit.*, p. 109.

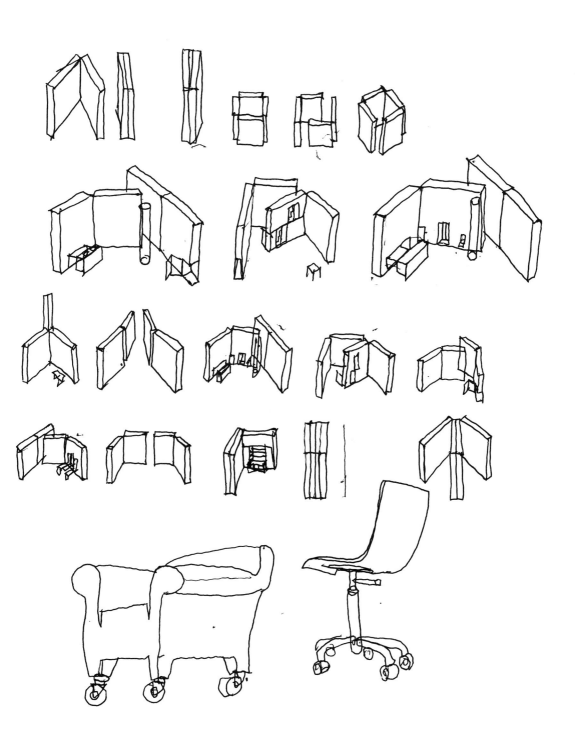

O TRIUNFO DO CENÓGRAFO:
ESBOÇOS DRAMATÚRGICOS DE JOÃO MENDES RIBEIRO
Miguel-Pedro Quadrio

0. Começo com uma curiosidade, sinal também de uma (dupla) escolha. Quem vir exposto, no escaparate de uma qualquer livraria, a obra *João Mendes Ribeiro/ Arquitecto – Obras e Projectos, 1996-2003*, talvez estranhe a imagem da capa (contra um tabique baixo de madeira, vê-se uma mulher manietada por fita adesiva, soerguendo-se numa cadeira em equilíbrio precário). Parece-me interpeladora a relação que, nesta monografia, se estabelece entre um título programático, que liga explicitamente um nome a um âmbito técnico-artístico concreto – a arquitectura –, e a fotografia que lhe serve de portada (onde se vê uma mulher em atitude ambígua, talvez no seu último arranque para a liberdade ou, talvez ainda, desesperada por falhar mais uma tentativa de emancipação)[1].

Assinalando esta perplexidade, não viso apenas o efeito fácil de sacar de uma qualquer cartola retórica a dupla intervenção profissional de João Mendes Ribeiro [JMR], como arquitecto e cenógrafo. Em ambos os campos, a sua obra é suficientemente (re)conhecida para não se prestar a *blague* tão elementar. Pelo contrário, fiz esta escolha para enquadrar uma produtiva hipótese de trabalho que me proponho seguir, formulada pelo encenador Ricardo Pais:

"[Pergunta JMR] O teatro pode ser um espelho dos arquitectos, que vêem a cidade e os edifícios reinterpretados nos espectáculos?

[Responde Ricardo Pais] Diria que pode ser um espelho das suas obsessões formais, dificilmente será um espelho da sua visão da cidade e dos seus edifícios." (AV, 2003: 26)[2].

Desafiam-me a reflectir, enquanto crítico de teatro, sobre a obra cenográfica de JMR, que, sob o tema "Arquitecturas em Palco", representará Portugal na Quadrienal de Praga de 2007. Vejo-me, pois, obrigado a esclarecer dois pontos prévios: *a)* determinar um princípio legitimador para uma análise que segue o ponto de vista das artes performativas e não o da arquitectura (domínio que conheço mal); *b)* confrontar essa leitura, que desenvolvo desde há alguns anos, com um olhar extrínseco – mas paralelo, em experiência, ao de JMR –, onde surjam clarificadas as *obsessões formais* do arquitecto nascido na cidade de Coimbra, em 1960 (já que considero determinante, nos seus programas cenográficos, a rele-

---

[1] Fotografia de Jorge Gonçalves de *Propriedade Privada*, uma coreografia de Olga Roriz interpretada pela Companhia Olga Roriz, que se estreou no Porto, no Teatro Nacional de São João [TNSJ], em 26 de Julho de 1996.

[2] A entrevista ocupa as pp. 18-28. Note-se, neste volume, o destaque conferido, uma vez mais, ao trabalho cenográfico de JMR: a capa respectiva é preenchida por uma fotografia de João Tuna, onde se vê um fragmento do dispositivo cénico de *Entradas de Palhaços*, de Hélène Parmelin (uma encenação de António Pires, estreada no TNSJ, em 20 de Dezembro de 2000).

vância assumida por construções autónomas que organizam intencionalmente o espaço da representação, ou seja, a sua indelével "marca arquitectónica").

1. Regressemos ainda, por um momento, à fotografia de Jorge Gonçalves de *Propriedade Privada*. O olhar direccionado de crítico de teatro fez-me ver, primeiro, uma mulher em movimento, ao qual atribuí, aliás, duas leituras que reputo verosímeis. Uma observação mais atenta reconhecerá, no entanto, a presença de um conjunto de formas e volumes sem os quais a expressividade daquele corpo feminino seria outra. Ou não? Na entrevista que já citei, Ricardo Pais destaca outro aspecto fundamental:

"Em oitenta por cento do teatro que se faz em Portugal e na Europa (menos em França e na Alemanha, mais em Inglaterra, Itália e Países Nórdicos) a cenografia está lá, é bonita ou feia, mas o encenador tem muito pouca relação com ela." (AV, 2003: 22.)

Questionado sobre o uso transfigurado de um objecto comum (uma cadeira) na coreografia de Olga Roriz – "existe subversão do *uso primário*", perguntam-lhe –, JMR defende sem hesitação a indispensável pertinência dramatúrgica de uma concepção cenográfica, ou seja, a *relação* a que Pais alude:

"No caso da Olga Roriz, os objectos são utilizados como forma de questionar, por exemplo, os movimentos mecânicos do quotidiano e também como forma

Propriedade Privada
Private Property
©Jorge Gonçalves/
Companhia Olga Roriz/
Bailarina/Dancer: Lina Santos

de aproximação aos espectadores, uma vez que esses gestos, embora excessivamente repetidos e fragmentados, se aproximam dos movimentos/acções do dia-a-dia." (AA, 2006: 13.)

Acrescenta, no entanto, uma defesa da sua identidade artística, que sugere a autonomia de ambos os discursos (aspecto a que já voltarei):

"Em *Propriedade Privada* foi possível desenvolver um trabalho em profundidade, partindo de uma relação privilegiada com a coreógrafa [...], em que as concepções artísticas coincidiram. É com este trabalho que se inicia uma *cumplicidade, construída a partir de dois universos distintos, mantendo, no entanto, as referências específicas de cada um*." (*Ibidem*, sublinhado meu.)

Esta insistência no "triunfo do cenógrafo", que problematiza aquele de que gozou o encenador desde a primeira metade do século passado, tanto pode advir da "bicefalia" profissional de JMR, como entroncar na prevalência plástica que, pelo menos desde Bob Wilson, tomou conta dos palcos. Mas vamos por partes.

2. No elenco das *constantes cenográficas e arquitectónicas* reconhecíveis na obra de JMR – recentemente formuladas por Manuel Graça Dias, também ele um arquitecto-cenógrafo –, encontrei o "olhar extrínseco" a que atrás me referia. A primeira que identifica é a *essencialidade*, redutível à predominância de um conceito organizativo dos materiais, cujas densidade subtil e distorções de escala activariam zonas de surpresa e imprevisibilidade. Em estruturas destinadas ao movimento – de si mesmas e, através delas, de quem as habita –, a recusa da referencialidade decorativa encontraria na *abstracção*, quarta constante, uma estratégia de metamorfose contínua. *Essencialidade* e *abstracção* resultariam, pois, da *eficácia* prática e onírica de uma técnica de construção – segunda constante –, potenciadora dessa transformação dúctil. *Elegância* e *alegria* – terceira e quinta constantes, que, a meu ver, já apontam para um juízo mais estético que funcional das cenografias de JMR –, remeteriam para a equilibrada distribuição espacial de objectos e "vazios" e para a ironia, fonte de ambiguidades (Dias, 2003: *passim*).

Um ano mais tarde, traçando um perfil deste criador para o *dossier Cenografia em Portugal / Memórias de Uma (Outra) Escrita da Cena*, Mónica Guerreiro não só corrobora a lista de *obsessões formais* de Graça Dias, como, revendo o que o próprio JMR escreveu acerca das suas intervenções e o que outros sobre elas opinaram, dá conta de alguma unanimidade crítica, que passa inclusivamente pelo uso de atributos afins. Assim, *abstracção, minimalismo* e *expressividade* (Ana Tostões), *capacidade de síntese, minimalismo, depuração, geometrização* e *visão fria do corpo* (Ricardo Pais), *geometria, austeridade, silêncio, despojamento* e *ascetismo* (JMR) resultariam, na perspectiva desta especialista em artes performativas, numa "concepção de objectos-sistema, cenários multioperativos que permitem, alternada ou simultaneamente, fragmentar e recortar espaços, unidos entre si por uma estrutura comum – normalmente caixas de madeira, capazes de tomar tantas formas quantas as solicitações funcionais" (Guerreiro, 2004: 19).

A este primeiro enquadramento, acrescentará o gosto pelo *contraste ou oposição* – conseguido, por exemplo, pela contraposição de diferentes marcas temporais no espaço cénico e nos figurinos –, que distinguiria as mais recentes intervenções de JMR, como *Estudo para Ricardo III / Um Ensaio sobre o Poder*, uma produção de 2003 do Teatro Nacional de D. Maria II [TNDM II], encenada por Carlos Pimenta (Guerreiro, 2004: 21).

A definição de um *corpus* de *obsessões formais*, referido a espectáculos apresentados até 2004, permite-me avançar, agora, para três trabalhos realizados nos anos subsequentes, sobre os quais tive oportunidade de escrever no *Diário de Notícias* [*DN*]. Interessa-me, assim, confrontar os juízos que então formulei com o consenso arquitectónico-performativo que se verifica em torno da linguagem cénica de JMR (um dos cenógrafos portugueses que mais reflexão crítica tem suscitado, desde que se estreou, em 1991, com o Teatro dos Estudantes da Universidade de Coimbra, em *Grupo de Vanguarda*, de Vicente Sanches, numa encenação de Ricardo Pais).

3. A sua visão plástica de *Berenice*, de Jean Racine, que Carlos Pimenta dirigiu no TNDM II, em Maio de 2005, mereceu-me o seguinte comentário:

"Repare-se […] na sufocante sobriedade do cenário de João Mendes Ribeiro, cuja geometria estreita e a imagem impressiva (de um acobreado solene) reduz os intérpretes a títeres duma razão que os transcende." (Quadro, 2005.)

A *geometria estreita*, a que então aludi, remetia para a saturação material do palco à italiana, provocada pelo enorme bloco de linhas direitas que, à boca--de- cena, o preenchia e seccionava verticalmente (figuração abstracta do palácio romano do imperador Tito). De forte cariz dramatúrgico, esta opção condicionou o posicionamento e a movimentação em cena dos actores, os quais, para intervirem, se viam obrigados a regressar à curta faixa de actuação, através de uma abertura baixa. Na apresentação do espectáculo que fez no *DN*, Elisabete França antecipara o propósito de Carlos Pimenta – "o encenador pediu [a JMR] para recriar *Roma e o seu peso sugerido pelo espaço*" (França, 2005) – e a apreciação que o mesmo fizera sobre o resultado final: "é esmagador; o plano inclinado/parede inclinada é como uma guilhotina suspensa sobre a cabeça dos actores" *(ibidem)*.

O olhar *distanciado e denunciador* (Quadro, 2005) do encenador ecoava nesta impositiva e cortante solução visual, reservando-se até, à esquerda, um espaço paralelo onde os intérpretes permaneciam, aguardando a sua reentrada em cena. Julgo, porém, que a marca mais evidente da perfeita convergência de olhares entre o cenógrafo e o encenador se traduziu no *acobreado solene (ibidem)* que revestia a fachada do palácio. O hieratismo grave deste sinal de solidez física, mas também de fortíssimo impacto cromático, sublinhado pelo mármore negro do chão, predispunha o espectador para uma peça que "é só e apenas uma tragédia de palavra, onde a existência dilemática das personagens se reduz ao seu confronto retórico e incruento" *(ibidem)*. Na crítica que publicou no semanário *Expresso*, João Carneiro destaca, igualmente, a densidade de uma volumetria abstracta e a sua peculiar adequação ao desenho trágico de Racine:

"Carlos Pimenta situou as personagens no belo cenário de João Mendes Ribeiro, cujos grandes volumes criam um espaço de respiração perfeitamente adequado à linearidade discursiva que recobre a complexidade real da tragédia." (Carneiro, 2005.)

O exemplo de *Berenice* permite, então, adicionar a 'densidade' aos elencos supramencionados das *obsessões formais* de JMR. E, ainda, detectar a origem desta propriedade no agudo olhar arquitectónico que identifica correctamente o potencial dramático dos materiais, porquanto não só revela dominar as suas características, como os utiliza com tal autenticidade e parcimónia que se vêem transfigurados em elementos dramatúrgicos.

4. Caso diferente foi o do dispositivo cénico que JMR concebeu para o palco do Teatro Nacional de São João, utilizado por três produções distintas, que perfaziam o ciclo "Convidados Mortos e Vivos": a encenação de Ricardo Pais da peça *D. João*, de Molière, estreada a 16 de Fevereiro de 2006; *Fiore Nudo / Espécie de Ópera a Partir de Cenas de "Don Giovanni"*, dirigida por Nuno M. Cardoso e apresentada entre 23 e 25 de Março do mesmo ano; e a leitura encenada de *Frei Luís de Sousa*, de Almeida Garrett, *também* conduzida por Ricardo Pais (27 de Março). A solução de um cenário partilhado por vários projectos fora intentada por JMR, no ano anterior, no Teatro Municipal de São Luiz (no mesmo espaço viram-se a coreografia de Benvindo Fonseca e o espectáculo teatral de Diogo Infante e Ana Luísa Guimarães, inspirados ambos na peça *A Casa de Bernarda Alba*, de Federico Garcia Lorca).

"Uma superfície quadrada – formada por desperdícios urbanos (restos de portas, janelas, madeiras várias) – levita, preenchendo-o, no palco vazio. A sua inclinação, indício do destino fatal do protagonista, é questionada por constantes rearranjos de forma, sublinhando-se que a inconstância emerge aqui dum xadrez de palavras – 'cortês', teatral e muito barroco – e não das (quase) inexistentes peripécias amorosas." (Quadrio, 2006.)

Relendo esta descrição do cenário do Porto, dou-me conta de que, na crítica, lhe atribuí uma primazia fundadora, responsável até pelo efeito de *surpreendente contenção* com que Ricardo Pais leu *o sedutor* cerebral *de Molière (ibidem)*. Previsi-

D. João
Don Juan
©João Tuna/TNSJ

velmente, este espaço tenderia a ser um paradigma dos *cenários multioperativos* assinalados por Mónica Guerreiro (2004: 19). Mas não só. A independência que lhe advinha do seu triplo destino impulsionou a autonomização do cenógrafo (ou o seu *triunfo*, a que atrás aludi). A manutenção das *referências específicas de cada* interveniente, reclamada por JMR a propósito de *Propriedade Privada*, de Olga Roriz (AA, 2006: 13), evoluiu aqui para um posicionamento de liberdade *quase* total (e sublinho o advérbio, por razões que adiante fornecerei). O inevitável abrandamento da visibilidade impositiva do(s) encenador(es) favoreceu o alargamento programático da construção de JMR que, na busca de um conceito adaptável aos três projectos, incorpora uma inegável performatividade visual. *Instalação* é o termo avançado pelo cenógrafo (Ribeiro, 2006) para enquadrar esta forma que, transitando entre a arquitectura e a escultura, recusou ambas para se radicar numa consciência atenta das movências da pós-modernidade. Repare-se como os signos que a identificaram foram precisamente a precariedade, a constante e significativa transformação e uma apropriação irónica de materiais pobres e inesperados: *desperdícios urbanos (restos de portas, janelas, madeiras várias)* (Quadrio, 2006).

Este segundo exemplo leva-me a recordar a definição da *alegria* que Graça Dias (2003: 16) isolou na obra de JMR:

"[...] há uma alegria, um humor discreto e subtil que vai atravessando as várias intervenções, os vários objectos, como se eles, para além de nos servirem, estivessem ainda obrigados àquele despertar da inteligência de que é capaz a arte, ao acordar de um riso irónico suficiente para catapultar pensamentos novos, confrontos novos."

O *despertar da inteligência* – necessariamente dramatúrgica, acrescentaria – atingiu nesta *instalação* um grau de incandescência reveladora, quando os alçapões "alegres" – porque inesperados e iconoclastas – que os intérpretes exploraram nos três projectos ganharam uma substantiva conotação fúnebre. Ou seja, a solução de uma tão artesanal e barroca mecânica teatral serviu a exploração corrosiva e multifacetada do conceito de *morte* (talvez o único que poderia circular, sustentadamente, entre os três espectáculos):

"Mais revolucionária que erótica, esta rigidez tensa redobra a força expressiva das explosões que irrompem dos alçapões abertos na estrutura cenográfica. Deles tanto emerge a comicidade dos rústicos – cujo *patois* é substituído por uma saborosa recriação do falar dos pescadores de Caxinas (Vila do Conde) – como o grotesco (a estátua do Comendador, semicadáver, semi-imperador romano de farsa) ou a derisão da ordem (D. Luís, pai de D. João, numa seráfica batina roxa)." (Quadrio, 2006.)

5. Temos, portanto, no primeiro caso, convergência, e autonomia, no segundo. O último exemplo, que reputo de um triunfo sem *quase*, ou seja, não matizado, de uma cenografia de JMR, observei-o na adaptação à cena do romance *Moby Dick*, do escritor norte-americano Herman Melville, que António Pires estreou no Teatro Municipal de São Luiz, a 18 de Janeiro de 2007.

"O protagonismo cabe, assim, ao impressivo dispositivo móvel de Mendes Ribeiro – um enorme casco fragmentado que quase enche a cena, tão abstracto como potenciador de usos multifacetados..." (Quadrio, 2007.)

A *domesticação* para que apontava o título desta crítica sinalizava dois aspectos interdependentes: o esvaziamento da encenação e, consequentemente, o reforço do impacto plástico assumido pela enorme escultura móvel concebida por JMR. *Moby Dick* ofereceu-se, pois, como um projecto onde o "triunfo do cenógrafo" subsumiu todas as demais contribuições. Ora esse *protagonismo* acabou por conferir particular distinção a uma leitura que, de outro modo, estaria condenada à invisibilidade. O *triunfo* pode ser entendido, então, como possibilidade marcadamente contemporânea de caber ao cenógrafo uma vocação dramatúrgica e cénica que organize, resgatando-o, o próprio espectáculo.

Essencialidade, *abstracção*, *eficácia*, *elegância* e *alegria* tornam-se, neste projecto, numa discreta constelação teórica que emerge visualmente na *densidade* movente que encanta o espectador do princípio ao fim. Ou melhor: até ao momento em que explode um humor reflectidamente teatral na irónica "escultura realista do cachalote que, na última parte do espectáculo, João Mendes Ribeiro faz descer da teia" *(ibidem)*.

Mais uma vez é a *verdade* e a versatilidade dos materiais e das formas – observável, por exemplo, no esforço com que os actores deslocam o praticável –, a sua

Moby Dick
©Mário Sousa/SLTM

habitabilidade justa e a sua riquíssima paleta transformativa que proporcionam a leveza esmagadora com que JMR constrói e redesenha os palcos. *Densidade* será, portanto, o qualificativo que gostaria de acrescentar às análises que já foram feitas à sua obra. *Densidade*, entenda-se, que é arquitectónica no seu olhar primeiro, mas que resulta sempre de uma fonte inesgotável e desafiadora de expressividade cénica e de uma profunda e apaixonante liberdade interpretativa.

REFERÊNCIAS BIBLIOGRÁFICAS

AA (2006): "João Mendes Ribeiro / O seu silêncio... e o seu tempo", *Mais Arquitectura*, Lisboa, ano I, Maio, pp. 12-21.
AV (2003): *JMR 92.02 / Arquitectura e Cenografia*, Coimbra, XM.
CARNEIRO, João (2005): "Uma história simples", *Expresso*, Lisboa, 30 de Abril.
DIAS, Manuel Graça (2003): "Poética inquietação. Arquitectura e cenografia de JMR", *in* AV, 2003: 10-16.
FRANÇA, Elisabete (2005): "O poder vence o amor", *Diário de Notícias*, Lisboa, 19 de Abril.
GARCIA, Isabel Penha (org.) (2003): *João Mendes Ribeiro / Arquitecto – Obras e Projectos, 1996-2003*, Porto, Asa.
GUERREIRO, Mónica (2004): "Essencialidade, austeridade, silêncio", *Sinais de Cena*, Lisboa, APCT/CET, Dezembro, pp. 18-21.
QUADRIO, Miguel-Pedro (2005): "O intenso lamento de amor da desdita rainha Berenice", *Diário de Notícias*, Lisboa, 9 de Maio.
QUADRIO, Miguel-Pedro (2006): "D. João e a sedução revolucionária", *Diário de Notícias*, Lisboa, 30 de Abril.
QUADRIO, Miguel-Pedro (2007): "Um *Moby Dick* domesticado no Teatro São Luiz", *Diário de Notícias*, Lisboa, 5 de Fevereiro.
RIBEIRO, João Mendes (2006): "Paisagem mental", *in* AV, *D. João / Manual de Leitura*, Porto, TNSJ, p. 5.

THE TRIUMPH OF SCENOGRAPHY:
THE DRAMATURGICAL SKETCHES OF JOÃO MENDES RIBEIRO
Miguel-Pedro Quadrio

0. I WILL START WITH AN ODDITY, which is also an indication of a (double) choice. Whoever sees the book *João Mendes Ribeiro/Arquitecto – Obras e Projectos, 1996-2003* in the display case of a bookshop, might find the image on the cover rather peculiar (a woman bound with tape to a low wooden partition wall, rising on a precariously balanced chair). In this monograph, it seems that there is an interruption in the relationship established between the title, which explicitly connects a name to a particular technical-artistic field (architecture) and the photograph that serves as a doorway (where we see a woman in an ambiguous state of mind, perhaps in her last push for freedom or, maybe, desperate for having failed in another attempt at emancipation)[1].

By highlighting this perplexity, my aim is not only to achieve the easy effect of producing the two sides of João Mendes Ribeiro's work [JMR], as architect and scenographer, out of a rhetorical top hat. His work is sufficiently well known and recognised not to lend itself to such an elementary linguistic trick. On the contrary, I made this choice in order to put forward a productive work hypothesis formulated by the stage manager Ricardo Pais, which I propose to follow:

"[JMR asks] Can theatre be a reflection of the architects that see the city and buildings reinterpreted in its drama?

[Ricardo Pais answers] I would say that it can be a mirror of their formal obsessions, it is unlikely to be a reflection of their vision of the city and its buildings." (AV, 2003: 26)[2].

As a theatre critic, these words made me reflect upon JMR's scenographic work, which will represent Portugal at the 2007 Prague Quadrennial under the banner of "Arquitecturas em Palco" ("Architectures on Stage"). I feel obliged to clarify two points beforehand: *a)* the determination of a legitimising principle for an analysis that follows a performing arts perspective rather than an architectural one (architecture being an area I know little about); *b)* the confrontation of that view, a view that I have been developing for some years, with an extrinsic point of view – but parallel in experience to that of JMR –, where the *formal obsessions* of the Coimbra-born architect (1960) are clarified (I consider the importance of auton-

[1] Photograph by Jorge Gonçalves of *Private Property*, choreography by Olga Roriz interpreted by the Companhia Olga Roriz, that debuted in Porto, at the Teatro Nacional de São João [TNSJ], on July 26th, 1996.

[2] The interview on pages 18-28. Note the focus in this volume on the scenographic work of JMR: the respective cover shows a photograph by João Tuna, where one can see a fragment of the scenic object of *The Clowns' Entrance*, by Hélène Parmelin (staged by António Pires, debuted at the TNSJ, on December 20th, 2000).

omous constructions that intentionally organise the performance space decisive in his scenographic projects, his determining and indelible "architectonic mark").

1. Let us return for a moment to Jorge Gonçalves' photograph from *Private Property*. First, my theatre critic's eye made me see a woman moving, to whom I attributed two likely analyses. However, a keener observation would recognise the presence of a collection of forms and volumes, without which the expressiveness of the female body would be quite different. Or not? In the interview that I have already quoted, Ricardo Pais highlights another fundamental aspect:

"In eighty percent of the theatre performed in Portugal and in Europe (less in France and Germany, more in England, Italy and Nordic countries) the scenography is there, beautiful or ugly, but the stage manager has little to do with it." (AV, 2003: 22.)

Asked about the transformed use of a common object (a chair) in the choreography of Olga Roriz – "is there a subversion of the *primary use?*", they ask him –, without hesitation JMR defends the indispensable dramatic pertinence of a scenographic creation, the *relationship* to which Pais refers to:

"In the case Olga Roriz, for example, objects are used as a way of questioning the mechanical movements of daily life and also as a way of getting closer to the audience, as those gestures, although excessively repetitive and fragmented, are close to everyday movements/actions." (AA, 2006: 13.)

However, he adds a defence of his artistic identity, which suggests the autonomy of both discourses (something I will come back to):

"In *Private Property* it was possible to work in great depth, starting with an excellent relationship with the choreographer [...], where artistic ideas coincided. This work marked the beginning of a *complicity, built out of two distinct worlds, whilst maintaining the specific references of each one*." (Ibidem, my underlining.)

This insistence on the "triumph of the scenographer", which equates with the triumph that the scenographer has enjoyed since the first half of the twentieth century, can occur as much from the professional "two-headedness" of JMR as it can converge in the artistic prevalence that has overtaken the stage, at least since Bob Wilson. But let us look at this stage-by-stage.

2. On the list of *scenographic and architectural constants* recognisable in JMR's work (recently formulated by another architect-scenographer, Manuel Graça Dias), I found the "extrinsic perspective" that I previously mentioned. The first to be identified is *essentiality*, which can be reduced to the predominance of an organisational concept of materials, whose subtle density and distortions of scale would activate areas of surprise and unpredictability. In structures created

for movement (from the structures themselves and, through them, from those who inhabit them), the denial of decorative references would find a strategy of continuous metamorphosis in the fourth constant, *abstraction*. *Essentiality* and *abstraction* would result from the practical and oneiric *efficacy* of a construction technique (second constant), enabler of that malleable transformation. *Elegance* and *joy* (third and fifth constant that, in my opinion, point to an understanding of JMR's scenography that is more aesthetic than functional) would point to the balanced spatial distribution of objects and "voids" and to irony, the source of ambiguities (Dias, 2003: *passim*).

A year later, tracing the profile of this artist for the dossier *Scenography in Portugal/Memories of Another Writing of the Scene*, Mónica Guerreiro not only corroborates Graça Dias' list of formal obsessions, but, whilst reviewing what JMR himself wrote about his work and what others thought of the same work, also reveals a certain critical unanimity, which also mentions similar qualities. So, *abstraction*, *minimalism* and *expressiveness* (Ana Tostões), *ability to summarise*, *minimalism*, *depuration*, *geometrisation* and *cold vision of the body* (Ricardo Pais), *geometry*, *austerity*, *silence*, *despoilment* and *asceticism* (JMR) from the perspective of a performing arts specialist would result in a "creation of system-objects, multioperative scena-

Berenice
©João Tuna/TNDM II

rios that alternately or simultaneously allow the fragmentation and trimming of spaces, joined by a common structure – normally wooden boxes, capable of taking on as many forms as functional demands" (Guerreiro, 2004: 19).

We can add the liking for *contrast or opposition* to the first set – achieved by the juxtaposition of different temporal marks on the scenic space and figures –, which would distinguish the more recent work of JMR, like *A Study for Richard III/An Essay on Power*, a 2003 production of the Teatro Nacional de D. Maria II, staged by Carlos Pimenta (Guerreiro, 2004: 21).

The definition of a *corpus* of *formal obsessions*, in reference to shows staged until 2004, now allows me to move on to three pieces of work in subsequent years, which I wrote about in *Diário de Notícias*. I find it interesting to look at opinions that I formulated at the time with the architectural-performance consensus that is seen in the scenic language of JMR (one of the Portuguese scenographers who has provoked the most critical reflection since his debut in 1991, with the Student Theatre at Coimbra University in *Vanguard Group*, by Vicente Sanches, staged by Ricardo Pais).

3. His artistic vision of *Berenice*, by Jean Racine, directed by Carlos Pimenta at TNDM II, in May 2005, was the subject of the following comment:

"Observe [...] the suffocating sobriety of João Mendes Ribeiro's scenery, whose narrow geometry and impressive image (a solemn copper colour) reduces the performers to puppets from a reason that transcends them." (Quadrio, 2005.)

The narrow geometry, the one I referred to at the time, pointed to the material saturation of the traditional stage, caused by the enormous block of straight lines that filled the stage front and divided it vertically into sections (an abstract form of the Emperor Titus' Roman palace). Strongly dramaturgical, this option limited the positioning and movement of the actors on stage, who, in order to be involved, had to return to the short acting strip via a low opening. In her presentation of the show in *DN*, Elisabete França anticipated Carlos Pimenta's intentions – "the stage manager asked [JMR] to recreate *Rome and all its importance via the use of space*" (França, 2005) – and the appreciation he would make of the final result: "is overwhelming; the slanted design/leaning wall is like a guillotine hanging over the heads of the actors" *(ibidem)*.

The *distanced and denunciatory* eye (Quadrio, 2005) of the stage manager echoed in this imposing and biting visual solution, reserving a parallel space on the left where the performers would be, awaiting their cue to return to the scene. I believe, however, that the most obvious mark of the perfect convergence of viewpoints of the scenographer and the stage manager was to be found in the *solemn copper-colour (ibidem)*, which covered the palace façade. The grave hieratic nature of this sign of physical solidity, and the strong chromatic impact underlined by the black marble of the floor, created a predisposition on the part of the audience for a play that "is only and merely a tragedy of the word, where the dilemmatic existence of the characters is reduced to its rhetorical and bloodless confrontation" *(ibidem)*. In the review that he published in the *Expresso* weekly, João Carneiro also highlights the density of an abstract volumetry and its unusual appropriateness to Racine's tragic design:

"Carlos Pimenta places the characters within the beautiful scenery of João Mendes Ribeiro, whose voluminous pieces create a perfect breathing space for the discursive linearity that envelops the real complexity of the tragedy." (Carneiro, 2005.)

The example of *Berenice* allows "density" to be added to the above-mentioned list of JMR's *formal obsessions*. One can detect the origin of this in the sharp architectural eye that correctly identifies the dramatic potential of materials, considering that he not only proves that he masters their characteristics but that he also uses them so authentically and sparingly that they find themselves transfigured into dramaturgic elements.

4. The scenery that JMR created for the stage of the Teatro Nacional de São João was quite a different case. Used by three different productions that made up the "Guests, Living and Dead" cycle: Ricardo Pais' staging of the play *Don Juan*, by Molière, which opened on February 16th, 2006; *Fiore Nudo / A type of opera based on scenes from "Don Giovanni"*, directed by Nuno M. Cardoso and presented between 23rd and 25th of March of the same year; and the staged reading of *Friar Luís de Sousa*, by Almeida Garrett, *also* led by Ricardo Pais (27th of March). The idea of scenery being shared by a number of projects had already been attempted by JMR for the Teatro Municipal de São Luiz the year before (the same space saw the choreography of Benvindo Fonseca and the theatrical show of Diogo Infante and Ana Luísa Guimarães, both inspired by the play *The House of Bernarda Alba*, by Federico Garcia Lorca).

"A square surface – made up of urban junk (bits of doors, windows, and pieces of wood) – rises, filling it, on the empty stage. Its inclination, a sign of the protagonist's fatal destiny, is questioned by the constant changes in its shape, underlining that inconstancy is revealed here in a strategic game of words – 'courteous', theatrical and very Baroque – and not of the (almost) inexistent amorous vicissitudes." (Quadrio, 2006.)

Rereading this description of the scenery in Porto, I realise that, in the review, I attributed a founding primacy that was even responsible for the *surprising contention* with which Ricardo Pais read *Molière's* cerebral *seducer (ibidem)*. Predictably, this space would tend to be a paradigm of the *multioperative scenarios* of Mónica Guerreiro (2004: 19), but not only that. The independence resulting from the triple purposes enhances the scenographer's autonomisation (or his *triumph*, which I previously referred to). Keeping the *specific references for each* player here, asserted by JMR, with regard to *Private Property*, by Olga Roriz (AA, 2006: 13), developed towards a positioning of *almost* total freedom (I underline the adverb for reasons I shall explain later). The inevitable easing off from the imposing visibility of the stage manager(s) facilitated the extension of JMR's construction programme that, in search of a concept that was adaptable to the three projects, incorporates an undeniable visual "performability". *Installation* is the term suggested by the scenographer (Ribeiro, 2006) to frame this form that, moving between architecture and sculpture, rejects both to take root in a consciousness that is fully aware of the currents of post-modernity. Notice that the signs that identified it were precisely precariousness, the constant and major transformation and the ironic appropriation of poor and unexpected materials: *urban junk (bits of doors, windows and pieces of wood)* (Quadrio, 2006).

This second example reminds me of the definition of *joy* that Graça Dias (2003: 16) singled out in JMR's work:

"[...] there is a joy, a discrete and subtle humour that runs through the various projects, the various objects, as if they, apart from being useful to us, were still obliged to awaken the intelligence of which art is capable, to the awakening of an ironic laugh that is enough to launch new thoughts, new friction."

Fiore Nudo
©Inês d'Orey/TNSJ

The *awakening of intelligence* – necessarily dramatic, I would add – achieved a revealing degree of incandescence in this *installation*, when the "joyful" trapdoors – because they are unexpected and iconoclastic – that the performers explored in the three projects took on a substantial funereal connotation. Or rather, the idea of such a basic and Baroque theatrical device served the corrosive and multifaceted concept of death (perhaps the only one that could sustainably circulate between the three shows):

"More revolutionary than erotic, this tense rigidity reinforces the expressive strength of the explosions that come from the traps that are open in the backdrops. From them emerges the comic nature of the yokels – whose *patois* is substituted for a tasty recreation of the speech of the fisherman of Caxinas (Vila do Conde) – as well as the grotesque (the statue of the Commendator, semicorpse, semi-Roman Emperor of farce) or the derision of order (D. Luís, father of D. João, in an angelic violet cassock)." (Quadrio, 2006.)

5. In the first case we have convergence and autonomy in the second. The last example, which I consider a triumph with no *reserve*, in other words, not variegated, from a JMR scenography, I saw it in the stage adaptation of the novel *Moby Dick*, by the North American writer Herman Melville, which António Pires debuted at the Teatro Municipal de São Luiz, on 18th January, 2007.

"The protagonism is the responsibility of Mendes Ribeiro's impressive moveable scenario – an enormous fragmented shell that almost fills the entire scene, as abstract as it is empowering in its multifaceted uses..." (Quadrio, 2007.)

The *domestication* to which the title of this critique alludes, signals two interdependent aspects: the emptying of the staging and, consequently, the increase in the artistic impact taken on by the enormous mobile sculpture created by JMR. *Moby Dick* was like a project where the "scenographer's triumph" subsumed all the other contributions. Now this *protagonism* particularly distinguished an interpretation that would otherwise be condemned to not being seen. The *triumph* can be seen as the markedly contemporary possibility of the scenographer having a dramatic and scenic vocation that organises the show itself, liberating it.

In this project *essentiality*, *abstraction*, *effectiveness*, *elegance* and *joy* become a discrete theoretical constellation that emerges visually in the moving *density* that spellbinds the audience from the start to finish. Or in other words: until the moment when the distinctly theatrical humour explodes in the ironic "realistic sculpture of the whale that, in the last part of the piece, João Mendes Ribeiro makes drop from the web" *(ibidem)*.

Once again it is the *truth* and the versatility of the materials and forms – evident in the effort with which the actors move the practicable – its just inhabitability and its rich transformable palette that gives us the overwhelming lightness with which JMR constructs and redesigns stages. *Density* will be the qualifying word that I would like to add to the analyses that have already been made of his work. A *density*, let it be understood, that is primarily architectural, but one which results always from an inexhaustible and challenging source of scenic expressiveness and a profound and passionate interpretive freedom.

BIBLIOGRAPHY

AA (2006): "João Mendes Ribeiro / O seu silêncio… e o seu tempo", *Mais Arquitectura*, Lisboa, year I, May, pp. 12-21.

AV (2003): *JMR 92.02 / Arquitectura e Cenografia*, Coimbra, XM.

CARNEIRO, João (2005): "Uma história simples", *Expresso*, Lisboa, 30th of April.

DIAS, Manuel Graça (2003): "Poética inquietação. Arquitectura e cenografia de JMR", *in* AV, 2003: 10-16.

FRANÇA, Elisabete (2005): "O poder vence o amor", *Diário de Notícias*, Lisboa, 19th of April.

GARCIA, Isabel Penha (org.) (2003): *João Mendes Ribeiro / Arquitecto – Obras e Projectos, 1996-2003*, Porto, Asa.

GUERREIRO, Mónica (2004): "Essencialidade, austeridade, silêncio", *Sinais de Cena*, Lisboa, APCT/CET, December, pp. 18-21.

QUADRIO, Miguel-Pedro (2005): "O intenso lamento de amor da desditada rainha Berenice", *Diário de Notícias*, Lisboa, 9th of May.

QUADRIO, Miguel-Pedro (2006): "D. João e a sedução revolucionária", *Diário de Notícias*, Lisboa, 30th of April.

QUADRIO, Miguel-Pedro (2007): "Um *Moby Dick* domesticado no Teatro São Luiz", *Diário de Notícias*, Lisboa, 5th of February.

RIBEIRO, João Mendes (2006): "Paisagem Mental", *in* AV, *D. João / Manual de Leitura*, Porto, TNSJ, p. 5.

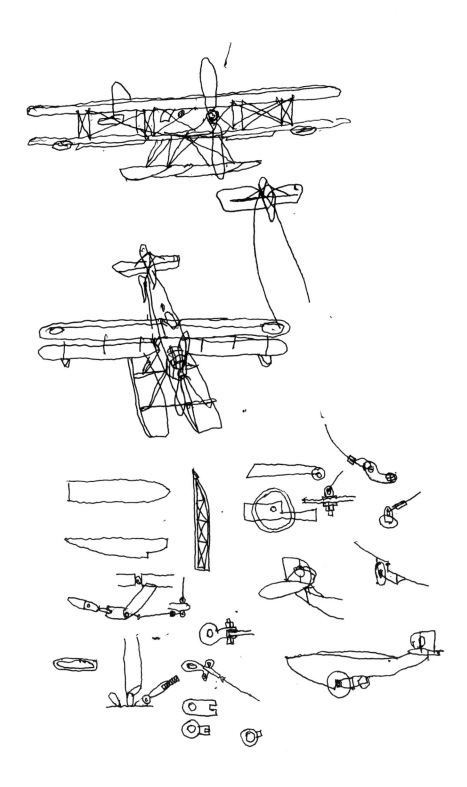

ARQUITECTURAS EM PALCO
João Mendes Ribeiro

«Arquitecturas em Palco» é o tema proposto para a representação portuguesa na Quadrienal de Praga 2007.

Este conceito prende-se com a identificação de soluções formais e estéticas, linhas de actuação e metodologias comuns em intervenções que privilegiem o cruzamento disciplinar e definam territórios de contaminação entre as artes de palco. A linha conceptual que preside à selecção dos diversos projectos procura reflectir o espírito contemporâneo de hibridação e experimentalismo, as questões da efemeridade e transformação, assim como o cruzamento de matérias ou conhecimentos provenientes de diferentes áreas disciplinares.

Pretende-se expor a apetência *relacional dos espaços* cénicos no contexto de uma clara disponibilidade de referências que transcorre diversos campos disciplinares e cuja amplitude se estende do universo significante *da encenação, do ritual, do simbólico*, ao território de valores virtualmente abstractos, como os de um certo funcionalismo racionalista decorrentes da arquitectura modernista ou da radicalidade das vanguardas artísticas do século xx.

Cruzando um vasto e diversificado quadro disciplinar, os objectos expostos permitirão explorar, em diferentes contextos, o corpo e o espaço, as relações de escala, a gestualidade e materialidade inerentes às práticas artísticas e arquitectónicas contemporâneas, integrando as questões da percepção e representação, bem como os processos de comunicação.

Neste contexto, cabe ainda salientar as intervenções em que a abordagem de temas do quotidiano questiona as hierarquias ou os lugares tradicionalmente consignados às diversas formas de arte e cultura, assim como aos mecanismos de percepção e apreensão dos fenómenos quotidianos.

A cenografia é, neste contexto, abordada do ponto de vista da experimentação de processos e linguagens comuns à arquitectura, nomeadamente no que toca à modelação dos espaços a partir de temas como a escala, os aspectos compositivos e construtivos ou o recurso a dispositivos geométricos e modulares.

A componente humana e vivencial dos espaços, tema central em arquitectura, é também determinante na definição dos projectos cenográficos seleccionados.

Essa característica traduz-se na estreita relação do objecto cénico com o corpo ou as características dos seus utilizadores. Os dispositivos são catalisados pela sua presença, desenhados à sua medida e em função dos seus movimentos em palco.

Não obstante o grau de verosimilhança e precisão arquitectónica na definição dos elementos cenográficos, é no contacto com os intérpretes que se revela, efectivamente, a habitabilidade dos espaços cenográficos e que estes se convertem em objectos reconhecíveis, em signos comunicantes.

Por outro lado, a arquitectura fornece os instrumentos que permitirão dar forma aos diferentes *mundos* contidos na dramaturgia ou sugeridos nas intenções coreográficas.

Através do contraste de escalas e volumes ou da reinterpretação de objectos comuns em novos contextos, frequentemente inusitados, redefinem-se as coordenadas para a apreensão do real, e os elementos familiares tornam-se assim entidades invulgares ou estranhas.

A questão da flexibilidade é também um tema recorrente e corresponde à experimentação em torno da transmutação e metamorfose dos objectos cénicos e da sua manipulação, em sistemas dinâmicos e progressivos que permitam (re)configurar permanentemente o espaço do palco e, consequentemente, cada cena.

A concepção de cenários dinâmicos, multiformes e multioperativos vai ao encontro do modelo *action design* e das premissas de Jaroslav Malina, segundo as quais a cenografia dá forma à acção dramática e funciona como o motor da evolução de todo o espectáculo.

Os objectos cénicos retratados remetem, recorrentemente, para uma visão global do espectáculo e, em certa medida, utópica, relativa à construção do *mundo* como um todo regulado e belo, constituído a partir da convergência de saberes e métodos das várias práticas criativas, na configuração da *obra de arte total*. Na tradição de Appia e Wagner ou dos precursores da Bauhaus, trata-se de acrescentar um novo sentido e reinterpretar formalmente o princípio da *Gesamtkunstwerk*, informado agora, transcorrido quase um século, pelos postulados plásticos das neovanguardas, pela reformulação dos meios de expressão artística a partir dos anos 60 ou pela preponderância actual do *corpo* na sua dimensão não apenas material ou biomecânica, mas também metafórica, como entidade existencial e politicamente significante.

Seguindo as premissas que orientam os projectos cenográficos, também o projecto para o espaço expositivo pretende condensar na forma construída a linguagem simbólica de cada peça/projecto e concretizar uma aproximação ideológica ao tema da exposição «Arquitecturas em Palco».

Nesse sentido, foi criado um dispositivo ou sistema de objectos, constituído por duas peças distintas, ambas denotando uma clara propensão cenográfica.

A cada peça corresponde um núcleo expositivo específico.

Distinguem-se estes núcleos pela sua caracterização plástica e cromática, com um módulo branco consignado à exibição dos trabalhos cenográficos e um outro, um espaço obscurecido delimitado por painéis pintados a negro, para projecção do filme *A Sesta* de Olga Roriz, realizado a partir de um trabalho coreográfico original que integra os próprios dispositivos expositivos, nomeadamente as malas-mesa onde se expõem os projectos. O espaço expositivo caracteriza-se por uma composição geométrica e minimal; é constituído por um sistema modular de objectos multifuncionais e portáteis – painéis e malas-mesa – e ainda por um objecto autónomo que configura um pequeno auditório em anfiteatro.

Quer em termos formais ou visuais, quer ao nível simbólico, o projecto para o espaço expositivo pretende operar a convergência dos vários elementos numa totalidade coerente e eficaz, determinada pelas premissas de flexibilidade, mobilidade e transformação, comuns à orientação conceptual da exposição.

A HABITABILIDADE DO ESPAÇO CÉNICO A concepção cenográfica, tal como é entendida actualmente pela generalidade dos criadores, distancia-se da bidimensionalidade pictórica que tradicionalmente caracteriza a cenografia, para se centrar na natureza tridimensional (arquitectónica) do espaço ou dos objectos cénicos e na sua estreita relação com os intérpretes.

Os diversos aspectos do trabalho cenográfico são motivados pela questão da *habitabilidade do espaço*, no sentido da sua natureza experimental e/ou vivencial e consequentemente das suas repercussões na percepção do corpo e do espaço. Os cenários são entendidos enquanto lugares habitáveis cuja caracterização é determinada pelas circunstâncias e propósitos da acção ou pelo movimento dos corpos no espaço, no sentido de criar um sistema formalmente coerente e *dramaticamente* funcional.

Neste contexto, a cenografia é pensada como criação de espaços que efectivamente possam ser habitados, ao invés da concepção estática e unidireccional dos cenários clássicos. Propõe-se actualmente uma abordagem dinâmica e multidimensional da cenografia em que predomina, face a outros modelos cenográficos eventualmente mais canónicos, o universo dos objectos performativos e autónomos.

Estes objectos são tendencialmente interactivos e participam da estrutura global do espectáculo, tomando parte da acção. Podem ser manuseados, movidos ou transformados, permitindo fragmentar e recortar espaços e revelar as suas diversas faces, expondo materiais e estruturas normalmente invisíveis.

Considerando este sentido tectónico dos objectos cénicos, bem como a sua apetência vivencial, pode dizer-se que as premissas da concepção cenográfica são afins àquelas que determinam os espaços arquitecturais e, frequentemente, traduzem-se por processos e metodologias comuns.

Tal como na generalidade dos projectos de arquitectura, na construção do espaço cénico estão também envolvidos os aspectos materiais do espaço preexistente e as características ou condicionantes arquitectónicas do edifício-teatro, enquanto elementos sugestivos na criação de *lugares*. A interposição do cenário acrescenta uma nova configuração ao espaço do palco e assim reinterpreta-o e transforma-o de um conceito abstracto numa experiência sensível, ou seja, num *lugar*.

Este conceito de lugar aplicado ao espaço cénico transporta alguns princípios e códigos da arquitectura, tais como a representatividade e o carácter vivencial dos espaços habitados ou o modo como são usufruídos e adequados a uma determinada função.

Destacam-se neste âmbito as intervenções que abordam a relação do dispositivo cénico com o espaço preexistente, considerando-o parte integrante do cenário e, nessa medida, participante da acção.

Considerando a experiência arquitectónica aplicada à criação teatral (ou performativa), o projecto cénico desenvolve-se em estreita ligação com o real, no espaço preexistente disponível, sem procurar dissimulá-lo nem criar *paisagens* ficticias. Nestes casos, a cenografia reporta-se mais à realidade da arquitectura e ao seu referencial imagético do que a universos irreais e fantásticos e constitui-se como elemento mediador entre a realidade preexistente e o olhar do espectador. Nessa medida, a cenografia afirma-se espacialmente como "uma arquitectura efémera, aplicada ao serviço [de] narrativas teatrais"[1].

APROPRIAÇÕES DO PALCO: TIPOLOGIAS A questão da concepção cenográfica passa necessariamente pela consideração do local onde ocorre a representação – o palco.

Os projectos cenográficos agrupam-se, de acordo com as suas características, segundo tipologias distintas no que toca à apropriação do espaço do palco.

A primeira categoria consiste na extensa ocupação da caixa de palco, fechando praticamente toda a cena. Com esta solução, conforme ao modelo tradicional, *à italiana*, em que a boca-de-cena e o arco de proscénio separam claramente os espaços do palco e da plateia, reconfigura-se profundamente o desenho do palco, alterando a sua forma arquitectónica e a sua percepção por parte do espectador.

A segunda tipologia pressupõe a utilização da *cena aberta*, com uma intervenção minimal no espaço, e assinala a criação de objectos cénicos que ocupam de forma pontual o espaço. A esta tipologia correspondem dispositivos autónomos,

[1] Manuel Graça Dias, *Conversa com Patrícia Selada. O Espaço em Cena. Do Teatro da Ilusão ao Teatro da Sugestão*, prova final para licenciatura em Arquitectura, FAUP, 2004--2005, p. 121.

de escala variável e mais ou menos compactos, independentes das estruturas circundantes. Frequentemente, ocupam o palco de forma escassa, de modo a acentuar o vazio e reinventar a arquitectura do palco a partir da exposição das suas marcas construtivas e do aparato técnico de apoio à cena.

Estes dispositivos podem configurar estruturas extensas e fixas ou objectos dinâmicos – multifuncionais, móveis e transformáveis.

O PALCO (RE)CONFIGURADO *Vermelhos, Negros e Ignorantes* de Edward Bond (1998) é a peça que melhor ilustra o paradigma do palco reconfigurado. Em *Vermelhos, Negros e Ignorantes*, o espaço fecha-se vertiginosamente para redefinir os limites do palco, impondo limites ao olhar e estreitando os percursos. Permanecem, contudo, as possibilidades de fuga, implicitamente assumidas nas aberturas que rasgam as fachadas e excedem os seus limites. O cenário para *Vermelhos, Negros e Ignorantes* altera profundamente a arquitectura do palco, dissimulando os seus limites. Por oposição à caixa negra, espaço aparentemente ilimitado, propõe-se a construção de um espaço deliberadamente limitado, com qualidades intrínsecas de lugar.

A CENA ABERTA A tensão entre os objectos cénicos e o espaço do palco é um tema fundamental e frequentemente explorado. A cenografia não se limita a ocupar passivamente um lugar confinado no palco, nem constitui uma composição formal estanque. Pelo contrário, define e gera espaço na sua relação dinâmica com a envolvente edificada.

Vermelhos, Negros e Ignorantes
Red, Black and Ignorant
©JMR/TNSJ

Nos cenários em cena aberta, a atenção do espectador é dirigida para o interior de um novo espaço físico, mas também para o confronto com a própria arquitectura do teatro, no momento em que se desestabilizam os cânones do teatro convencional.

Questionando o fundo negro, que no teatro se convencionou e se aceitou como tradução do infinito, a arquitectura do edifício-teatro pode ter ela própria reflexo dentro da ficção. Deste modo, contrariando o mecanismo de ilusão da cena à italiana, o espaço vazio entre objecto cénico e edifício teatral não é tratado como espaço infinito e ilimitado, mas, pelo contrário, como tendo limites muito precisos. Por outro lado, trabalhando o espaço entre o teatro (edifício) e o espaço da representação (cenografia) como um interstício, rompe-se com a matriz dominante do teatro à italiana, na sua hierarquia e controlo, para instalar novas regras e configurações. O cenário funciona, nestes casos, como um dispositivo autónomo e constitui uma espécie de *palco dentro do palco*, na relação com o teatro preexistente e a sua matéria.

Por outro lado, na cena aberta, onde são visíveis os bastidores e todo o aparato técnico da caixa de palco, reflecte-se o encerramento e interioridade do objecto cénico por oposição à aparente exterioridade da caixa de palco e especifica-se o *dentro* e o *fora* da representação.

I. O PALCO COMO ESPAÇO VAZIO Um palco, mesmo privado de quaisquer elementos cenográficos, pode ser objecto e inspiração de múltiplas apropriações. Pode constituir um espaço de representação qualificado, na medida em

*Não Destruam os Mal-Me-Queres
Don´t Destroy the Marigolds
©Alceu Bett –
Ag. Espetaculum/
Companhia Olga Roriz/
Bailarinos/Dancers:
Francisco Rousseau,
Adriana Queiroz, Joana von Mayer Trindade*

que permite aos espectadores projectarem-se, com ampla liberdade imaginativa, na ausência de cenários ou dos elementos cénicos que habitualmente constroem o sentido daquilo que se vê.

Destaca-se, neste âmbito, o espectáculo *Não Destruam os Mal-Me-Queres*, coreografado por Olga Roriz (2002), onde o palco vazio constitui o objecto privilegiado para potenciar a narrativa. Paradoxalmente, mais do que construir um espaço, esta cenografia sublinha o vazio do palco e pretende torná-lo invisível através da pintura a negro, deixando-o numa situação de aparente abandono. Dir-se-ia que a cenografia é virtualmente inexistente ou está subtilmente oculta, dependendo da actuação dos bailarinos para se tornar perceptível. Constitui-se portanto como um vestígio de forma, como uma osmose entre cenário e corpo.

II. O PALCO DENTRO DO PALCO OU A REDEFINIÇÃO DO ESPAÇO DE ACÇÃO

Contrariando as características do teatro à italiana, onde a presença do arco de proscénio altera a percepção dos limites reais do palco, delimita-se um novo palco/espaço de acção visível em toda a sua extensão.

A marcação de uma fronteira que delimita de forma clara o espaço da acção, criando um novo lugar para a representação, é constante em inúmeros projectos cenográficos. Essa delimitação do território da acção pode ocorrer com a construção de estruturas tridimensionais ou pela utilização de elementos bidimensionais, nomeadamente ao nível do pavimento.

Em *Uma Visitação*, a partir de textos de Gil Vicente (1995), um tapete assinala a área de representação e prefigura uma espécie de *palco dentro do palco*.

Uma Visitação
A Visitation
©António José Martins/
A Escola da Noite

Constitui uma convenção clara e determina a fronteira entre o fora e o dentro de cena.

Essa nova "topografia" do palco pode ainda ser caracterizada pela construção de um novo pavimento sobrelevado, como sucede em *A Casa de Bernarda Alba* de Garcia Lorca (2005). Aí, a delimitação entre área de bastidores e área de representação é coincidente com a distinção entre *interior* e *exterior*. O cenário, geometricamente marcado e ilustrativo da austeridade vigente, é composto por apenas dois elementos: o tecto, vertiginosamente suspenso e distorcido, e o chão, francamente elevado face ao nível do palco. Estes elementos, chão e tecto, em forte tensão, sublinham a ideia de encerramento e delimitam o lugar da acção. Sugerem a presença de quatro paredes que encerrariam o espaço interior, onde a luz chega apenas por uma abertura no tecto.

III. DISPOSITIVOS PONTUAIS – OBJECTOS-SISTEMA No caso dos cenários constituídos por *objectos-sistema*, os dispositivos cénicos ocupam uma área perfeitamente definida no palco aberto, segundo composições compactas ou fragmentadas, frequentemente móveis e transformáveis, e redefinem em volume e dimensão o palco, numa relação de curiosidade e intimidade alimentada pela sua descoberta.

Exemplo disso são os contentores cénicos concebidos para os espectáculos *Savalliana* de Rui Lopes Graça (2000) e *Uma Visitação*, cuja autonomia é sublinhada pela sua mobilidade em palco.

Em *Propriedade Privada* de Olga Roriz (1996) e em *O Bobo e a Sua Mulher Esta Noite na Pancomédia* de Botho Strauss (2003), a cenografia é constituída por

*O Bobo e a Sua Mulher
Esta Noite na Pancomédia
The Jester and His Wife
Tonight in Pancomedia*
©João Tuna/TNSJ

objectos dinâmicos que assumem diversas formas e funções com o desenrolar da acção. Com estes dispositivos, o espaço da representação pode ocorrer em qualquer lugar do palco.

QUESTIONAR OS LIMITES DA REPRESENTAÇÃO A questão da delimitação física do território da acção prende-se essencialmente com uma opção de encenação e refere-se ao questionamento das convenções relativas ao espaço da representação.

No espectáculo *Berenice* de Jean Racine (2005), há uma reconfiguração do palco que estabelece novos termos para a acção. Os actores nunca abandonam o palco, mesmo quando as personagens saem de cena. Sentados de costas uns para os outros num banco comum, assistem ao desempenho dos restantes elementos do elenco, aguardando a sua vez para entrar em cena. O espectáculo é construído como uma sequência de *takes* de cinema, em que se exibe o esqueleto da peça.

O chão em rampa define a área de representação e, simultaneamente, o espaço de bastidores, sublinhando a ambiguidade entre a encenação e a realidade. Ao tornar visível o espaço dos bastidores e ao revelar os movimentos dos actores nas entradas e saídas de cena, contrariam-se deliberadamente as regras do teatro à italiana. Assume-se, perante o espectador, a transmutação dos actores em personagens e a integração dos bastidores no espaço de representação para traduzir a importância que assumem os movimentos das personagens numa *tragédia*, nunca deixando a cena vazia e "expondo-os na sua dimensão de executantes de um dever"[2]. O gesto de delimitar e integrar, em simultâneo, no palco, os territórios da representação e do real sublinha a ideia de que o teatro é um

[2] Blog de Tiago Bartolomeu Costa (http://omelhoranjo.blogspot.com).

Berenice
©João Tuna/TNDM II

mundo dentro do mundo, criando uma espécie de "dupla representação". Está-se perante um território em que se expõe o conflito entre o fictício e o concreto, entre a encenação e a realidade, a permanência e a transitoriedade.

Por seu turno, o cenário de *Entradas de Palhaços* (2000), a partir de textos de Hélène Parmelin consiste na representação cabal dos bastidores e funciona como elemento de fronteira entre o espaço para o circo imaginário, que está para lá do cenário, e a plateia "real". Deste modo, é concedido ao espectador o direito de penetrar no mundo íntimo dos bastidores e de imaginar o espaço da representação como o oposto do lugar onde se encontra. Não se trata, contudo, de recriar fielmente os bastidores de um circo tradicional, mas de sentir em teatro a familiaridade e a estranheza que, simultaneamente, o palhaço inspira na sua oscilação entre o rir e o chorar. Constituído por um objecto único que acomoda os vários camarins mínimos, o cenário funciona como barreira ficcional entre os palhaços e o circo. Paradoxalmente, é no interior dos camarins que as acções e as actividades dos palhaços ganham maior relevância.

Em *A List* de Gertrude Stein (1997), uma rampa junto ao proscénio dilui a barreira entre palco e sala, ampliando o espaço da acção. Com este gesto, o desnivelamento entre a plateia e o palco é integrado no desenho do espaço cénico, motivando a construção de mais duas rampas – uma no fundo do palco e outra unindo o proscénio ao pano de fundo. Estas rampas delimitam o território da acção e definem o percurso da bailarina que assinala o tempo de duração da representação.

A CENOGRAFIA COMO EXPERIMENTAÇÃO ARQUITECTÓNICA Embora consideradas disciplinas substancialmente distintas, a cenografia pode constituir uma extensão do trabalho em arquitectura, onde se experimentam temas e

Entradas de Palhaços
The Clowns' Entrance
©João Tuna/TNSJ

Propriedade Privada
Private Property
©JMR/Companhia Olga Roriz/
Bailarinos/Dancers: Ludger
Lamers, Olga Roriz

linguagens comuns. Em termos concretos, não se trata de reproduzir em palco modelos arquitectónicos, mas sim de averiguar como pode a arquitectura ser representada a partir dos usos que lhe são afins, ou o modo como ela é entendida e habitada. De alguma forma, podemos afirmar que a arquitectura se transforma em objecto cénico e este em elemento configurador do espaço numa estreita relação com o corpo do intérprete.

No entanto, considerando a arquitectura como linguagem e território conceptual de referência, os cenários podem afirmar-se pela sua negação ou transgressão. Quando transpostos para o palco, os modelos arquitectónicos adquirem novo significado, podendo representar coisas distintas do contexto original onde foram gerados. Partindo da alusão a esses arquétipos, este efeito assinala "a negação através da afirmação, a subversão através da ironia e o movimento dialéctico do paradoxo"[3] como elementos-chave para a construção do espaço cénico.

Na cenografia para o espectáculo *Propriedade Privada* procurou-se explorar a capacidade de produzir, através da arquitectura, uma representação crítica da realidade. A partir de um número concreto de actividades básicas do indivíduo, questionam-se os espaços quotidianos e a sua suposta condição perene. Utilizando, ironicamente, elementos básicos da arquitectura, expõe-se o conflito entre funcionalidade e comportamento humano, expresso pelos intérpretes a partir de pequenos absurdos e paradoxos. É na acção dos bailarinos no espaço cénico, numa projecção dual de realidade e ficção, que a cenografia, no seu paralelismo com a arquitectura[4], se revela enquanto condicionante da acção humana.

O cenário de *Propriedade Privada* evoca simbolicamente uma cidade e o confronto entre os domínios público e privado. Numa primeira fase, o cenário remete para o espaço público, exterior, e é representado como um obstáculo, um

[3] Bernd Schulz, *Portfolio de Allan Wexler*, Barcelona, Editorial Gustavo Gili, SA, 1998, p. 7.

[4] "Desde a origem da arquitectura parecem ter-se traçado dois caminhos diferentes, um deles relacionado com a vida quotidiana, outro com a representação simbólica daquilo que a governa ou transcende." Alberto Saldarriaga Roa, *La Arquitectura como experiencia*, Colômbia, Villegas Editores, 2002, p. 271.

lugar de ameaça e violência. Reflecte uma visão singular da paisagem urbana e do conflito absurdo que move as personagens. Representa uma instalação habitada pelo caos dos sentimentos e do sentido, servindo a figura humana e diminuindo-a num contexto habitável. Na segunda parte, o objecto cénico transforma-se para criar um espaço doméstico, a casa, evocando as noções de intimidade e permanência. No entanto, esta casa é também opressiva – os seus espaços mínimos e os objectos disfuncionais, retirados de um contexto quotidiano, preconizam o desconforto do corpo face à arquitectura.

O cenário consiste num único objecto cénico que se desdobra e transforma para dividir o espaço e criar zonas distintas no palco: num muro espesso forrado de jornais descobre-se o contraplacado das portas a tentar ser pedra – a leveza e mobilidade são surpreendidas ao metamorfosearem-se em dureza, em peso, em impenetrabilidade. Este jogo perceptivo não constitui um logro, mas um processo, paradoxal e irónico, de realçar os elementos que determinam a experiência espacial na passagem da arquitectura para objecto cénico.

Em *A Casa de Bernarda Alba*, a casa é o espaço de eleição. O cenário, totalmente branco, de geometria elementar e aparência rígida, materializa a opressão contida no texto de Lorca e suscita a atmosfera fria que se respira na casa de Bernarda Alba. Sugere-se um espaço doméstico, claustrofóbico, onde a casa é mais uma prisão do que uma extensão material dos seus habitantes. A noção de clausura é sugerida pela tensão entre os dois planos horizontais que definem a casa, chão e tecto[5], cuja escassa altura contrasta com a verticalidade da caixa de palco[6]. A oposição preto/branco entre figurinos e cenário alude à dicotomia entre uma arquitectura opressora e os habitantes reprimidos.

[5] Não se trata de um tecto integral, mas antes de um plano horizontal com uma ampla abertura ao centro, uma vez que é necessário manter a cena aberta, na vertical, para iluminação superior.

[6] Os palcos com teia e subpalco constituem espaços cuja dominante vertical é reforçada pela presença da luz que, normalmente, vem de cima.

A Casa de Bernarda Alba
The House of Bernarda Alba
©José Frade/SLTM

Em *Vermelhos, Negros e Ignorantes*, o cenário traduz, em termos arquitectónicos, alguns conceitos expressos no texto dramático. Nesta peça transpõem-se, de forma deliberada, imagens de arquitectura para o cenário, com claras referências ao Museu Judaico de Berlim, do arquitecto Daniel Liebeskind. A aproximação à arquitectura faz-se através da forma, da escala e dos materiais utilizados e mediante uma poética de usura e tempo inexorável. Com materiais verdadeiros constrói-se um espaço profundamente antinaturalista, recriando um mundo pós-catástrofe, um lugar *atópico* de fortes tonalidades de cinzento, acompanhando o tom da peça. Privilegiando uma certa clareza de superfície, o cenário é "alusivo e integrador de núcleos simbólicos da peça – a destruição, mas também a continuação da vida, com as suas paredes verticais e o seu nicho doméstico"[7].

A acção decorre sobre um cenário em ruínas, diante de duas paredes deliberadamente desproporcionadas. Estas paredes definem em concreto o espaço da representação, condicionam os movimentos dos actores para reafirmar assim o sentido de espaço fechado e delimitar, conceptual e fisicamente, espaços e mundos diferentes. A monumentalidade da construção acentua o confronto entre as escalas humana e arquitectónica, criando um efeito de desfasamento quase surrealista.

É precisamente a partir da dicotomia dos espaços que se recriam mundos paralelos. Irrompendo de uma das paredes, um espaço mínimo representa um espaço doméstico, um lugar de refúgio. É o único elemento realista e desenha uma pequena sala/quarto em perspectiva distorcida que dissimula ângulos e espessuras. Constitui um quadro isolado, uma espécie de tela branca ofuscante, sobre a qual os corpos dos actores aparecem recortados. Os objectos, mesa e cadeira, são também de cor branca e acentuam a sensação de irrealidade do mundo em que se movem as personagens.

Na peça *A Hora em que não Sabíamos nada Uns dos Outros* de Peter Handke (2001), retratam-se dois temas recorrentes na sociedade contemporânea: a solidão e a incomunicabilidade. Nesta peça, onde o silêncio e o olhar se sobrepõem às palavras, o dramaturgo austríaco questiona a natureza e os limites do fenómeno teatral através de uma criação cénica sobre o modo como os homens vivem e se organizam numa cidade.

"Como se se tratasse de um teatro topográfico"[8], o cenário evoca uma praça urbana, um lugar de passagem que se transforma em floresta de enganos ou labirinto de errâncias, capaz de revelar os mais pungentes simulacros de paradigmas equivocados. O palco de *A Hora em que não Sabíamos nada Uns dos Outros* é o lugar de confluência de ruas e percursos, de personagens em trânsito. Por entre portas, que incessantemente se abrem e fecham, irrompem as mais diversas

[7] João Carneiro, "Em tempo de guerra", *Expresso*, suplemento *Cartaz*, de 18 de Julho de 1998, p. 14.

[8] Maria José Oliveira, "400 personagens à espera de um olhar", *Público*, suplemento *Y*, de 26 de Janeiro de 2001, pp. 2, 18.

personagens que se cruzam e atropelam a um ritmo alucinante, num cenário deliberadamente geométrico e delimitado.

O projecto cénico para *Berenice* é determinado pelo ambiente da tragédia de Racine, e consiste numa construção massiva e despojada, reflectindo a importância da inscrição do corpo no espaço, de modo que os espectadores possam sentir, através do carácter impositivo da arquitectura, a diminuição da figura humana. O confronto entre o corpo e a arquitectura introduz um sentido sensorial ao espaço em que a dimensão ganha novos sentidos.

Como refere Miguel-Pedro Quadrio, a "sufocante sobriedade do cenário, cuja geometria estreita e a imagem impressiva (de um acobreado solene) reduz os intérpretes a títeres duma razão que os transcende"[9], cria o ambiente apropriado "à linearidade discursiva que recobre a complexidade real da tragédia"[10].

Constituída por uma enorme parede suspensa que anula a profundidade do palco e reduz o espaço da acção a uma estreita linha panorâmica, a cenografia impõe-se de forma esmagadora aos actores e espectadores, desafiando a própria arquitectura da sala. A inclinação do plano frontal, suspenso da teia, acentua a fragilidade das personagens face a uma política e moral vigentes, reificadas numa arquitectura monumental que expressa todo o peso inexorável do império. Um segundo muro divide o palco a meio e assinala simbolicamente uma fractura. Para lá dessa passagem, desenvolve-se um espaço aberto, um território onírico, onde os actores se movimentam livremente. É com esta sumptuosa e desconcertante simplicidade que o cenário transporta o espectador para um terreno profundamente evocativo onde se questiona o corpo e o espaço. A caracterização

[9] Miguel-Pedro Quadrio, "O intenso lamento de amor da desditada rainha Berenice", *Diário de Notícias*, de 9 de Maio de 2005, p. 33.

[10] João Carneiro, "Uma história simples", *Expresso*, suplemento *Actual*, de 30 de Abril de 2005, p. 55.

A Hora em que não Sabíamos nada Uns dos Outros
The Hour when We Knew Nothing of Each Other
©João Tuna/TNSJ

formal da cena utiliza elementos arquitectónicos para constituir uma espécie de *pintura tridimensional*, assumidamente referenciada nos trabalhos de Bob Wilson. Embora em sentido distinto, também em *D. João* de Molière (2006) se alude a uma cidade imaginária e propícia a todas as fantasias, incluindo a morte de D. João no final. Pretende-se prefigurar uma espécie de território mental, concebendo um dispositivo formal para uma realidade imaginária, retratada como fronteira entre mundos distintos.

Neste espectáculo, aos movimentos impulsivos e orgânicos dos actores contrapõe-se a rigidez geométrica e a regularidade de uma estrutura arquitectónica que define num *praticável*, meticulosamente composto a partir do que parecem ser vestígios de uma cidade destruída, despojos de construções.

A RECRIAÇÃO DE IMAGENS REAIS E A TRANSFIGURAÇÃO DOS OBJECTOS NO CONTEXTO TEATRAL A utilização de elementos arquitectónicos e objectos comuns do quotidiano pode constituir uma matriz de leitura e identificação para o espectador. Se, por um lado, o uso desses elementos proporciona uma aproximação ou relacionamento empático entre o público e o objecto, por outro, o reconhecimento de formas familiares é também motivo de estranheza, sobretudo se considerada a distorção da escala e a alteração do contexto. O objecto real, quando transposto para o palco, perde a sua verdade quotidiana para entrar no plano poético da interpretação, investido de uma outra amplitude e significado. Adquire uma singularidade que o novo contexto lhe confere, numa sobrevalorização que pode estar bem distante da importância afectiva real.

Fiore Nudo
©Inês d'Orey/TNSJ

[11] *Pedro e Inês* estreou a 4 de Julho de 2003, no Teatro Camões, em Lisboa, e partiu de um convite da Companhia Nacional de Bailado à coreógrafa Olga Roriz. A peça é baseada na mais conhecida das tragédias de amor portuguesas, a eterna paixão entre D. Pedro e D. Inês de Castro, contrariada em vida pelo seu pai, o rei D. Afonso IV. Deixando de lado o contexto político que arruína a paixão de D. Pedro e D. Inês de Castro, a coreógrafa centra-se na impossibilidade daquele amor, no triângulo amor, dor e morte. Esta obra surge, afinal, em coerência com anteriores trabalhos de Olga Roriz, onde explora com gestualidade de cariz expressionista a conflitualidade implícita nos amores fatais.

[12] André Guedes, "Sobre a série *O Postal da Amizade*, e a exposição 'O Jardim e o Casino, a Praia e a Piscina'", 2005.

[13] Paulo Eduardo Carvalho, *Ricardo Pais, Actos e Variedades*, Porto, Campo das Letras, 2006, p. 170.

Apresenta-se desintegrado do seu quotidiano (e por vezes do seu tempo), assumindo-se simultaneamente como documento e agente de uma narrativa que ali encontra o seu desfecho. Funciona como uma reconstrução de referentes para o público, a partir da desconstrução da sua memória.

Na cenografia para o espectáculo *Pedro e Inês*[11] de Olga Roriz (2003), recria-se em palco um espaço exterior, com um tanque de água e terra que, de forma simbólica, remete para a Fonte dos Amores no jardim da Quinta das Lágrimas. A cenografia representa de forma condensada a fisionomia de um contexto vivo e concreto. Traduz-se uma imagem conceptual do mundo exterior, e o efeito de ilusão é reforçado pela utilização de materiais reais, como a água e a terra, fora do seu contexto natural. A verdadeira natureza dos materiais ou dos objectos só é revelada pelo uso, com a acção dos intérpretes. Nesse sentido, a inscrição no cenário de elementos concretos do quotidiano reforça a realidade dos corpos e do seu movimento.

É na relação física, afectiva e até emocional com os objectos cénicos, e não numa prática simulada, que se produzem sentidos teatrais.

O processo de descontextualização e (re)funcionalização dos objectos aproxima-se do automatismo e dos *ready-made* propostos por Marcel Duchamp e visa explorar o sentido poético e/ou plástico desses artefactos. Destituindo-os do seu contexto original e da sua função natural, enfatiza-se a extrema materialidade das ideias e a dissolução do seu significado quotidiano.

Nos cenários para *Propriedade Privada* e para *Vermelhos, Negros e Ignorantes*, são utilizadas cadeiras em situações inusitadas e estranhas. Suspensa num muro, a vários metros do chão, a cadeira poderá continuar a ser lida como tal? Destituída do seu contexto original e da sua função natural, a cadeira expõe-se a novas leituras e indicia "uma acção em suspenso, assinalando a distância a que se encontra do seu referente"[12].

Em *D. João* de Molière, o uso de elementos arquitectónicos reconhecíveis, como as portas ou janelas inseridas na superfície irregular do *praticável*, confere à estrutura um sentido de realidade, assinalado pela noção de escala, volume e profundidade. A (re)utilização de materiais preexistentes, tais como despojos de construção ou fragmentos de obras, enfatiza a ideia de transitoriedade e a ambiguidade que pontua a acção. Segundo Paulo Eduardo Carvalho, em *D. João* há uma rara combinação "entre elementos arrancados ao real, como portas, janelas e outros aparentes desperdícios de madeira – com um tão raro sentido abstracto"[13]. Esses materiais, descontextualizados e destituídos da sua conotação material e simbólica, adquirem um valor essencialmente plástico e nessa medida neutralizam os espaços, disponibilizando-os para apropriações diversas.

A reconfiguração dos objectos e a sua afectação a novos usos constituem um tema central na linguagem teatral contemporânea. As características operativas dos objectos cénicos são ampliadas com a sua transfiguração, a partir da sua montagem e desmontagem ou ainda da possibilidade de seccioná-los.

Em *Amor de Don Perlimplín con Belisa en su Jardín* de Garcia Lorca (2002), explora-se a ambiguidade dos objectos cénicos para recriar novos sentidos teatrais. Árvores seccionadas, na horizontal, funcionam como tábuas de um chão/praticável. Seguidamente, colocadas na vertical, dão forma a um jardim, que, por sua vez se transforma em escada. Um alçapão no pavimento que se rebate para criar uma espécie de fosso de orquestra, ou uma cama que surge inesperadamente do praticável e se transforma em mesa, confirmam o engenho cénico.

Em *O Céu de Sacadura* de Luísa Costa Gomes (1998), a fragmentação dos objectos cénicos corresponde à sequência atomizada da encenação. O avião de Sacadura é seccionado em várias peças para representar objectos de características distintas: o casco adquire a forma de um cachalote e a asa, quando suspensa, configura um grande candeeiro. Por outro lado, os objectos no fundo da cena são deliberadamente distorcidos e desproporcionados face àqueles colocados em primeiro plano. Pretende-se com esta articulação de diferentes escalas de representação acentuar o efeito de perspectiva e profundidade da cena e criar a ilusão de afastamento.

O Céu de Sacadura
Sacadura's Sky
©JMR/TNDM II

[14] Jorge Figueira, "A outra tradição", *Público*, revista *Mil Folhas*, de 24 de Dezembro 2005, p.22.

[15] Ana Tostões, "Neutro e excepcional ou o esplendor da verdade", in Isabel Penha Garcia (org.), *João Mendes Ribeiro/ Arquitecto – Obras e Projectos, 1996-2003*, Porto, Edições Asa, 2003, p. 9.

CONTENÇÃO E INTENSIDADE O tema da contenção e intensidade prende-se com a exploração de um campo de representação simbólico, metaforicamente ligado ao mundo real, através de um processo de síntese e redução formal segundo uma linguagem *minimalista* e virtualmente abstracta.

O rigor construtivo, aliado à redução dos meios e dos elementos formais, a partir da "revitalização da *performance* formal modernista"[14], constitui uma matriz de actuação comum à concepção cenográfica e arquitectónica.

Esta aproximação ao Minimalismo evidencia sobretudo um trabalho de síntese e de redução da linguagem da cenografia a formas e materiais de expressão clarificadores, referenciado nas qualidades plásticas e na estética de espaços austeros e depurados. Traduz ainda a economia de meios e o uso literal dos materiais na construção dos objectos cénicos. Contudo, os objectos cénicos devem revelar a intensidade dramática e simultaneamente participar na sua construção. Nesse sentido, como refere Ana Tostões, põem-se "em relação duas aproximações aparentemente inconciliáveis: por um lado, um sentido abstracto e minimal e, por outro, uma forte carga expressiva, mesmo dramática, que denuncia quer uma leitura atenta das situações, quer uma vontade de empatia e de relação com o contexto"[15].

Tal como enunciado por Jaroslav Malina, o minimalismo e a abstracção na cenografia prendem-se com a eliminação de qualquer elemento supérfluo ou meramente decorativo e expressam a acção dramática mediante recursos poéticos e metafóricos.

Esta depuração é particularmente evidente no espectáculo *Uma Visitação*, onde o cenário, altamente sintético, é composto apenas por um tapete e uma

A Casa de Bernarda Alba
The House of Bernarda Alba
©Marilyn Marques/SLTM

caixa de madeira. Esta *caixa-contentor*, o único elemento cénico, acabará por se revelar um objecto dinâmico e flexível, susceptível de assumir variadas combinações e formas.

Também nos projectos cenográficos para as peças de Garcia Lorca, *Amor de Don Perlimplín con Belisa en su Jardín* e *A Casa de Bernarda Alba*, se explora a redução do espaço cénico ao essencial. Nestes espectáculos apenas dois planos definem o lugar da representação: no primeiro, um plano horizontal e outro vertical contrapostos e, no segundo, dois planos horizontais tencionados.

Em *D. João* propõe-se um espaço aberto, sem constrangimentos para a encenação. O cenário minimal e sintético, composto apenas por uma plataforma inclinada, contida nas suas marcas e sinalização, proporciona uma ampla disponibilidade para apropriações cénicas.

PAISAGENS ABSTRACTAS Seguindo os propósitos do teatro moderno, a criação de *paisagens abstractas* denota a intenção de utilizar um vocabulário cenográfico que, na sua linguagem abstracta, contenha significativas capacidades expressivas.

Entendendo que a cenografia não é mera tradução literal da dramaturgia, privilegiam-se conteúdos paralelos como a insinuação de tensões e sentidos "narrativos" a partir de estruturas cénicas predominantemente abstractas.

A criação de paisagens abstractas desterritorializa a acção e desloca-a para o campo do imaginário, em que cabe ao espectador construir hipotéticos lugares a partir de subtis sinais, mas, sobretudo, da sua interpretação pessoal e de lugares activados pela memória.

Este modo de conceber a cenografia, como uma figuração abstracta, enquadra-se em correntes como o abstraccionismo, o simbolismo ou o construtivismo e contraria abertamente o modelo naturalista, baseado na representação ilustrativa e realista, na simulação ou no signo.

No espectáculo *D. João*, o cenário não representa uma cena acabada e de leitura unívoca. Pretende prefigurar uma espécie de *paisagem mental*, através de um dispositivo visível para um imaginário, e não tanto dar forma a espaços físicos concretos e reconhecíveis. Neste caso, a desmaterialização da forma, a aparente levitação do praticável onde ocorre a acção e a imagem inacabada do cenário possibilitam o cruzamento de vários universos, enriquecendo a própria dramaturgia.

A prefiguração de objectos abstractos e aparentemente vazios provoca inicialmente uma perplexidade que, com o decorrer da representação e com a manipulação dos objectos pelos intérpretes, se vai dissipando para evocar no espectador imagens de situações reais e reconhecíveis.

OBJECTOS SEM TEMPO OU LUGAR Os elementos da realidade inscritos no cenário correspondem, normalmente, a um registo intemporal e deliberadamente neutro. Esta neutralidade permite reforçar a ideia de que a representação se centra entre o passado que todos carregam e o presente do acto teatral, introduzindo na leitura do espaço cénico a possibilidade de conexão com a contemporaneidade e a renovação da linguagem.

A indefinição quanto ao tempo em que ocorre a acção em *O Céu de Sacadura* traduz-se no desenho do pequeno avião de Sacadura, recriado a partir de uma gravura de 1986 de Bartolomeu dos Santos, *The Farewell*, numa peça esquemática e fragmentada, construída segundo técnicas e materiais semelhantes aos originais.

Também os adereços e, em particular, os figurinos, na perfeita adequação do traje à personagem, preconizam a ligação entre o moderno e o passado.

Nesse sentido, a ideia de contraste ou oposição, frequentemente utilizada na construção do espaço cénico, entre o cenário intemporal e os figurinos datados reflecte a sobreposição de tempos diferentes, conferindo uma espessura e uma atmosfera particular ao espectáculo.

Em *A Hora em que não Sabíamos nada Uns dos Outros*, confluência de gente anónima do quotidiano, de seres oriundos dos tempos bíblicos ou mesmo do reino das fábulas, o cenário ultrapassa a diacronia do tempo presente e enlaça-se na sincronia de um tempo histórico, simbólico, poético e mítico.

OBJECTOS MÚLTIPLOS O tema da multifuncionalidade, frequentemente explorado nos trabalhos de cenografia, traduz-se em objetos ou sistemas de objectos flexíveis e transformáveis. Estes objectos permitem criar diferentes composições da cena a partir do movimento, configurando espaços abstractos ou lugares e objectos de uso reconhecível pelo público.

Um dos recursos frequentemente utilizados é a desmultiplicação do objecto cénico, ou seja, a sua expansão ou transformação, que confere diferentes níveis de intensidade às cenas e permite, do ponto de vista da ocupação do palco, diferentes jogos de composição. Esta desmultiplicação do cenário aproxima-se da noção de *action design* introduzida por Jaroslav Malina, segundo o qual a cenografia dá forma à acção dramática e funciona como motor da evolução de todo o espectáculo.

A cenografia é entendida como um espaço eminentemente performativo, sem a rigidez da perspectiva e dos enquadramentos que modelos mais arquitectónicos impõem, e em constante metamorfose no decorrer da acção, criando lugares múltiplos para a representação.

Neste sentido, os objectos cénicos não constituem apenas as estruturas físicas de suporte à dramaturgia, mas integram a acção.

Como refere Ricardo Pais, a transformação e mobilidade do cenário reforça a ideia de um espaço performativo, provisoriamente habitado, afastando-o, de alguma forma, da perenidade da arquitectura, "onde o uso da perspectiva e do enquadramento assumem diferentes significados"[16].

De entre as estruturas multifuncionais, destaca-se o dispositivo cénico para o espectáculo *Propriedade Privada*. "Com efeito, uma das características identificadoras do espectáculo é a presença de uma arquitectura, desdobrável, de utilidades diversas, permitindo uma densidade de imagens e solicitações, criando sucessivos espaços de mutação que os intérpretes exploram nas suas várias dimensões: formas, volumes e materiais"[17]. A estrutura do cenário consiste numa espécie de contentor, parede habitada, que atravessa o palco dividindo-o em dois espaços. Uma construção que tanto nos localiza num espaço público exterior como se move e se transforma para, do outro lado, configurar células mínimas de habitação. "É a caixa-de-surpresas, [...]; é rua [...]; é barreira e obstáculo ou passagem, quando forma uma diagonal; é casa e outra casa [...], quando se pulveriza nos vários espaços"[18] interiores. Fecha-se ao olhar imediato, através de painéis/portas pivotantes que impõem ritmos e variações na acção, ou de pequenas janelas que alternam com superfícies opacas, provocando o sistema perceptivo do espectador.

No espectáculo *O Bobo e a Sua Mulher Esta Noite na Pancomédia*, a ideia de mobilidade é reificada no Hotel Confidence, espaço de não permanência, lugar de passagem frequentado por personagens voláteis. A estrutura da peça sugere três suportes muito claros: um dispositivo cenográfico que se transforma vi-

[16] Ricardo Pais, *Manual de Leitura UBUs*, Porto, Teatro Nacional de São João, p. 17.

[17] João Mendes Ribeiro, *Fragmentos de uma Prática de Dramaturgia do Espaço*, trabalho de síntese realizado no âmbito das provas de aptidão pedagógica e capacidade científica, Departamento de Arquitectura da Faculdade de Ciências e Tecnologia da Universidade de Coimbra, 1998, p. 79.

[18] Cristina Peres, "Certas solidões privadas", *Expresso*, suplemento *Cartaz*, de 3 de Agosto de 1996, p. 12.

O Bobo e a Sua Mulher Esta Noite na Pancomédia
The Jester and His Wife Tonight in Pancomedia
©João Tuna/TNSJ

sual e contextualmente com a acção dos intérpretes, uma sucessão frenética de quadros de grupo, solos ou duetos, e a alternância de protagonismo entre o corpo, a palavra e a arquitectura do cenário. O movimento constante passa do texto para a encenação, num cenário em permanente movimento: dois macro-objectos, aparentemente idênticos, são movimentados em torno do palco para proporcionar diferentes configurações da cena, revelando a pluralidade formal e cromática das suas diversas faces. O cenário traduz uma ideia de mobilidade circular (semelhante a um livro aberto) em constante retorno ao espaço da recepção do Hotel.

As suas múltiplas possibilidades operativas, isolando as cenas a partir de uma estrutura comum, manifesta-se de acordo com a narrativa fragmentada de Botho Strauss, "resultado de uma espécie de colagem/justaposição de segmentos ou de bocados de acção, de articulações de registos, que podem ir do concreto ao onírico, do realista ao mais fantasioso, do trágico ao grotesco"[19].

Uma Visitação, a partir de Gil Vicente, acentua de uma forma extremamente sintética o carácter do objecto como elemento estruturante e activo na construção de uma narrativa traçada a partir de um conjunto de acontecimentos. Trata-se de um objecto transitório que se transforma constantemente consoante os acontecimentos, a partir da intervenção dos actores: um pequeno contentor de surpresas que se abre e desdobra, multiplicando os espaços da acção e evocando lugares diferentes para cada um dos quatro autos[20] representados. A caixa fechada é activada pelos corpos dos actores, que revelam o seu interior e modelam o espaço a partir da sua manipulação.

Em *Arranha-Céus* de Jacinto Lucas Pires (1999), prefigura-se a tipologia do espaço-paisagem. A sua caracterização é determinada pelos objectos de cena que ocupam o palco de uma forma quase mecânica. Em *Arranha-Céus*, o ritmo cinemático imposto pela linguagem textual, com mudanças de cena constantes

[19] João Carneiro, "Brincadeiras", *Expresso*, suplemento *Actual*, de 25 de Outubro de 2003, p. 31.

[20] "*Uma Visitação* é um olhar transversal da obra de Gil Vicente. *Auto da Visitação (Monólogo do Vaqueiro)* é o primeiro texto vicentino, *Floresta d'Enganos*, de onde extraímos o prólogo, é o último. *Velho da Horta* e o *Auto dos Físicos* representam estádios intermédios e diferentes da produção dramatúrgica do autor, unidos por aspectos comuns: o Amor, a Ilusão e a Morte."
A Escola da Noite, *Outra Visitação*, programa do espectáculo *Uma Visitação*, Coimbra, 1995, p. 3.

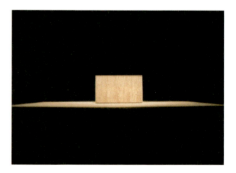

Uma Visitação
A Visitation
©JMR/A Escola da Noite

que testam os limites da gramática teatral, leva a cenografia a percorrer diversos quadrantes impondo uma constante dinâmica na montagem e desmontagem das cenas. Como numa sequência cinematográfica, o cenário de *Arranha-Céus* joga, por um lado, com profundidades de campo a partir de uma sequência frenética de mudanças de cena e, por outro, com a capacidade de transformação dos objectos cénicos – em que, como diria Jacinto Lucas Pires, "as formas transcoisam-se"[21]. Os actores, por seu lado, são simultaneamente operadores e coreógrafos de um intencional bailado de módulos cenográficos. Para além dos dispositivos móveis e multifuncionais, os planos de representação multiplicam-se no ecrã ao fundo de cena e numa espécie de passadiço modular que atravessa o palco.

De entre os objectos de múltiplas funções destaca-se a mala-mesa construída para o espectáculo *Anjos, Arcanjos, Serafins, Querubins… e Potestades* de Olga Roriz em 1998, agora retomada no espaço expositivo da Quadrienal de Praga.

Neste projecto pretende-se recriar uma paisagem híbrida que reflecte o pulsar do povo português, integrando simultaneamente referências à ruralidade e ao mundo urbano. O palco vazio é ocupado com materiais orgânicos como terra, feno, algodão ou flores e alguns objectos dispersos: uma rampa metálica, que se transforma em chão e delimita um espaço interior, ou as malas que se tornam mesas, assinalando flexibilidade e multifuncionalidade.

Utilizando elementos naturais e materiais manufacturados como as malas-mesa de piquenique, Olga Roriz cria cenas que sugerem lugares ancestrais de um país rural, ligados aos rituais do trabalho, do religioso ou a exercícios lúdicos. Todavia, o espectáculo não representa um olhar nostálgico sobre uma portugalidade perdida. Pelo contrário, as cenas, supostamente mais evocativas e realistas, rapidamente se transformam em situações abstractas que remetem para lugares não identificáveis.

[21] Jacinto Lucas Pires, *Arranha-Céus*, Lisboa, Edições Cotovia, 1999, p. 95.

ESPAÇO E OBJECTOS COMO EXTENSÕES DO CORPO No contexto das artes cénicas, o conceito de espaço compreende um sentido bastante mais abrangente do que aquele associado à definição arquitectónica. No teatro, como na dança, entende-se espontaneamente como espaço um acontecimento entre duas pessoas. Nesse sentido, as possíveis propostas de organização do espaço cénico não se baseiam numa resposta estritamente arquitectónica, mas procuram integrar o corpo na capacidade de se inscrever e gerar espaço, em composições e estruturas que traduzam essa interacção.

A composição do movimento está intimamente ligada à manipulação dos objectos e à exploração do seu potencial cénico ou das suas características plásticas. Nesse sentido, propõem-se aos intérpretes a manipulação dos objectos e a sua adaptação aos movimentos dos seus corpos. Estes objectos evidenciam, por um lado, a sua rigidez material e, por outro, manifestam uma maleabilidade humana, como se se tratassem de extensões de corpos em movimento. Embora virtualmente abstractos, os objectos cénicos, na sua dimensão biomecânica, introduzem uma "narrativa" subtilmente construída a partir dos gestos dos intérpretes que os manipulam.

Isto é particularmente evidente nas cenografias construídas para a coreógrafa Olga Roriz, em que os objectos se articulam de forma eficaz com a dança, introduzindo uma fluência coreográfica que apoia a afirmação dos conteúdos da peça. Muitas das improvisações que deram forma aos quadros cénicos que compõem as suas peças surgem da manipulação de objectos familiares aos intérpretes. Produzindo imagens próximas do quotidiano, esta relação entre o corpo e os objectos conota, constrange, reitera ou amplia as possibilidades de movimento. De uma forma eficaz, Olga Roriz explora a tensão que resulta do confronto entre a geometria rigorosa dos objectos e os gestos informais da vida quotidiana.

Em *Anjos, Arcanjos, Serafins, Querubins... e Potestades*, num palco vazio, cada personagem transporta uma mala. A mesa oculta transforma-se a partir da mala, cuja súbita metamorfose exercita os movimentos dos corpos dos bailarinos. A mala é também uma caixa que contém dois bancos, utilizados pelas personagens para se sentarem comodamente à mesa. Com estas mesas constrói-se uma longa bancada onde se encena uma espécie de "última ceia", cuja montagem e desmontagem assume a extensão do próprio corpo, condicionando e exacerbando os movimentos dos bailarinos.

Para *Propriedade Privada* pensou-se num objecto cénico que, com os corpos dos bailarinos, construísse o espaço de forma simbólica e poética. Nesse sentido, toda a cenografia é construída em função da articulação com os corpos e o movimento dos intérpretes, e os objectos cénicos funcionam, simultaneamente, como interlocutores e propulsores da coreografia. Efectivamente, diversas sequências coreográficas dependem da utilização dos elementos cenográficos, e as acções dos bailarinos procuram ecoar de uma forma expressiva as suas potencialidades e qualidades materiais.

A deslocação do corpo, como centro de construção de uma linguagem, como meio e lugar de expressão, foi aqui explorada através da possibilidade de manuseamento de materiais e objectos. No contacto com os corpos dos intérpretes, objectos e materiais perdem as suas definições de substâncias rígidas para produzirem fragmentos únicos de dança.

A FRONTEIRA ENTRE VISÍVEL E INVISÍVEL – FRENTE E VERSO A construção de um limite que dita a separação entre o espaço visível e invisível constitui um dos temas de maior importância na história do espaço cénico. A questão que se coloca é saber que implicação tem esta concepção espacial no tratamento que faz do objecto cénico, na caracterização do limite das suas faces visíveis e invisíveis ou na definição da frente e do verso.

De acordo com a convenção teatral de cena frontal, a linha de separação entre os elementos visíveis e invisíveis é determinante na concepção do espaço cénico. De facto, no teatro à italiana, estabelece-se uma relação frontal com o espectador e privilegia-se o lado visível do cenário, que é tratado como superfície, em detrimento da sua componente espacial ou volumétrica.

Actualmente, no entanto, considera-se que o espaço cénico pode ser entendido como uma entidade tridimensional em que todas as faces do objecto são tratadas com idêntico valor, embora possam revelar realidades distintas. Com esta concepção explora-se a mobilidade e a perspectiva cinematográfica do dispositivo cénico, no sentido da percepção sequencial das suas diferentes faces por parte do observador/espectador.

A autonomização do cenário face ao palco, designadamente ao arco de proscénio, a par da mobilidade dos dispositivos, proporciona uma visão integral da cena em que se diluem as distinções entre frente e verso.

Em *Propriedade Privada*, a dupla face é explorada como tema central, e aos dois lados do cenário correspondem espaços antagónicos mas de idêntico valor: de um lado, um espaço unitário exterior, sugerido pela solidez e opacidade de um muro; do outro, espaços fragmentados distinguem o recorte acolhedor dos espaços íntimos. Prefigura-se ainda uma situação intermédia em que o dispositivo é colocado sobre a diagonal do palco, sugerindo um espaço de passagem, para logo se quebrar, expondo ambas as faces e revelando o interior da estrutura. No final do espectáculo, o cenário torna-se transparente, sendo visível em toda a extensão do palco, revelando a coexistência dos dois lados distintos.

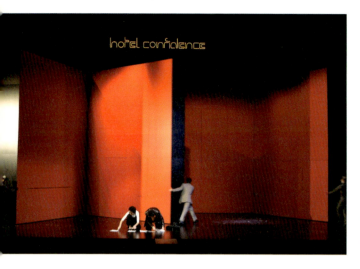

*O Bobo e a Sua Mulher
Esta Noite na Pancomédia
The Jester and His Wife
Tonight in Pancomedia
©João Tuna/TNSJ*

    No espectáculo *O Bobo e a Sua Mulher Esta Noite na Pancomédia*, o cenário é constituído por dois volumes de grande escala, que se desdobram e se abrem como livros, formando um conjunto de quatro planos verticais, que se distinguem pela caracterização cromática. As faces externas, pintadas a negro, assinalam espaços exteriores, enquanto o verso, de cor vermelha, evoca os espaços interiores, ocultos.

    Do mesmo modo, no dispositivo cenográfico para *Uma Visitação*, a madeira de cor clara define o invólucro do contentor que, consoante se vai abrindo e modificando, revela o espaço interior caracterizado pelo uso de madeira de cor escura.

    SIMETRIA E ASSIMETRIA Na definição da identidade de cada projecto é recorrente a exploração do tema da simetria/assimetria. O recurso à simetria como afirmação de um certo classicismo é utilizado enquanto princípio geométrico que assegura o equilíbrio compositivo. Eventuais situações assimétricas introduzem desvios pontuais em relação à regra, sem no entanto alterar o partido estético do equilíbrio dinâmico das formas.

    Na cenografia de *Amado Monstro* de Javier Tomeo (1992), constituída por duas paredes altas e espessas onde se recorta uma porta e uma janela de dimensões exageradas, a simetria é quebrada com a inclinação exacerbada do pavimento, no qual se inserem objectos em perturbante instabilidade. Estes objectos traduzem o desequilíbrio de poder entre as personagens, multiplicando as tensões sugeridas pelo texto.

O cenário para *Vermelhos, Negros e Ignorantes* pretende recriar um novo e estranho estado das coisas, que se traduz no espaço mediante uma composição excêntrica e assimétrica. Uma assimetria equilibrada, no entanto, pelo exagero intencional das proporções e escalas e pelas perspectivas distorcidas. Embora o eixo do palco esteja evidentemente assinalado por uma abertura vertical à qual se associa uma rampa, o ponto de fuga desloca-se para a direita, para o vértice do ângulo agudo formado pelas paredes adjacentes. Do lado oposto, um pequeno compartimento recortado na parede permite restabelecer o equilíbrio dinâmico do cenário.

Em *D. João* de Molière, a evocação da morte é constante ao longo da peça e traduz-se no desenho geométrico e aparentemente simétrico da superfície do praticável, que constitui uma metáfora do traçado repetitivo e ortogonal de um cemitério. Porém, com os alçapões que se abrem no pavimento e desenham um longo rasgo, estabelece-se uma fractura na geometria do cenário e desconstrói-se a simetria da composição, enfatizando o desequilíbrio e a instabilidade da acção.

A rigidez inicial da cenografia, indiciada pelo carácter depurado e geométrico da composição, vai-se dissipando com as sucessivas transformações e configurações assimétricas que o cenário assume.

A HIBRIDEZ DE LINGUAGENS Em síntese, diríamos que em cada projecto se procura transgredir o âmbito disciplinar mais restrito para integrar contaminações de experiências e permutas com outros campos de conhecimento. O entendimento de cada cenografia ou de cada projecto de arquitectura, como um campo de experimentação e de cruzamento de distintos saberes e áreas disciplinares, potencia uma reflexão sobre a criação contemporânea e uma sedimentação de práticas multidisciplinares comprovadamente enriquecedoras.

As colaborações entre diversos criativos tendem a demonstrar como as afinidades estéticas não se confinam aos meios que cada um individualmente explora, mas constituem referenciais de partilha e afirmam o espírito de um tempo que valoriza a contaminação e a hibridez de linguagens.

ARCHITECTURES ON STAGE
João Mendes Ribeiro

«Architectures on Stage» is the proposed theme for Portugal's exhibition at the Prague Quadrennial 2007.

This concept is concerned with the identification of formal and aesthetic solutions, lines of common intervention and methodologies that favour the mixing of disciplines and the defining of areas of contamination between the dramatic arts. The conceptual thread that dictates the selection of the various projects seeks to mirror the contemporary spirit of hybridisation and experimentalism, the issues of ephemerality and transformation, as well as the combining of materials or knowledge that stems from different disciplinary areas.

The aim is to exhibit the relational appetite of scenic spaces within the context of a clear availability of references that run through the diverse disciplinary fields and whose amplitude spreads from the significant world of *staging, of ritual, of the symbolic* to the world of virtually abstract values, like those of a certain rationalist functionalism that stems from modernist architecture or from the radicality of the artistic avant-garde of the 20th century.

In the mixture of a huge and diversified disciplinary framework, the objects exhibited will allow the exploration of the body and space in different contexts, as well as relationships of scale, gestuality and materiality that are inherent in contemporary artistic and architectural practices, integrating the issues of perception and representation, along with processes of communication.

It is important to highlight the interventions in which the approach towards everyday issues questions the hierarchies or places that are traditionally consigned to the various forms of art and culture, as well as those mechanisms of perception and understanding of everyday phenomena.

Here, scenography is seen from the point of view of the experimentation of processes and languages that are common to architecture, particularly with regard to the modelling of spaces from themes such as scale, compositional or constructive aspects or the use of geometric or modular structures.

The human and inhabitational aspects of spaces, a central theme in architecture, are also decisive in the definition of the scenographic projects selected. That characteristic is seen in the close relationship of the scenic object with the body or the characteristics of those who make use of it. The scenarios are catalyzed by its presence, designed especially for it and around its movements on stage.

Nevertheless, the degree of architectural verisimilitude and precision in the definition of scenographic elements is found in the contact with the performers, which shows the inhabitability of the scenographic spaces that become recognisable objects, communicating signs.

On the other hand, architecture supplies the instruments that allow us to shape the different *worlds* contained in dramaturgy or that appear in choreographic intentions.

The coordinates for understanding the real are redefined and familiar elements become unusual or strange, via the contrast of scale and volume or the reinterpretation of common objects in new, often-unknown contexts.

Flexibility is also a recurrent theme that corresponds to the experimentation with the transmutation and metamorphosis of scenic objects and how they are used in dynamic and progressive systems that permanently permit the (re)-configuration of the stage space and consequently each scene.

The idea of dynamic, multiform and multioperative scenarios fits in with *action design* and the premises of Jaroslav Malina, according to which scenography shapes dramatic events and works as a driving force for the development of the entire piece.

The scenic objects portrayed recurrently point to a global and, to some degree, a utopian vision of performance in relation to construction of the *world* as a regulated and beautiful whole, built upon the convergence of knowledge and methods of the different creative practices in the make up of the *total work of art*. In the tradition of Appia and Wagner or the precursors of Bauhaus, this is a question of adding a new sense and formally reinterpreting the principle of *Gesamtkunstwerk*, now informed by the artistic demands of the neo-avant-garde almost a century later, by the reformulation of the means of artistic expression from the sixties onwards or by the current preponderance of the *body*, not only in its material or biomechanical dimension but also from a metaphorical perspective as an existential and politically significant entity.

Following the same premises that orient scenographic projects, the exhibition space also aims, in the constructed form, to condense the symbolic language of each piece/project and form an ideological approach to the theme of the exhibition – "Architectures on Stage".

A structure or system of objects was thus created, made up of two distinct parts, both denoting a clear scenographic propensity.

Each piece corresponds to a specific descriptive part.

These parts are distinguished by their artistic and chromatic nature, with a white module for the exhibition of scenographic work, and another, a darkened space demarcated by black painted panels, for the projection of Olga Roriz's film *The Nap*, which was done using an original choreographic piece that includes the exhibition pieces themselves (namely, the suitcase-tables where the projects are exhibited). The exhibition space is geometrical and minimal and is made up of a modular system of multifunctional and portable objects – panels and suitcase-tables – as well as an autonomous object that forms a small auditorium in the shape of an amphitheatre.

The project for the exhibition area aims to bring together the various elements in a coherent and effective whole, determined by the premises of flexibility, mobility and transformation that constitute the conceptual thread of the exhibition, both in formal or visual terms, and it on a symbolic level.

THE INHABITABILITY OF THE SCENIC SPACE The scenographic concept, as currently understood by the majority of artists, is a far cry from the pictorial two-dimensional aspect that traditionally characterises scenography and focuses much more on the three-dimensional (architectural) nature of the space or the scenic objects and its close relationship with the performers.

The various aspects of the scenographic work are motivated by the question of the *inhabitability of the space*, in the sense of its experimental and/or experiential nature and consequently of its repercussions in the perception of the body and space. The scenarios are seen as inhabitable spaces, whose characteristics are determined by the circumstances and purposes of the action in question and by the movement of the bodies within the space, in order to create a formally coherent and *dramatically* functional system.

In this context scenography is perceived as the creation of spaces that can be effectively inhabited and not as the static and unidirectional form of the classic scenario. Nowadays, there is a dynamic and multidimensional approach to scenography, in comparison to other more regular scenographic models, where the world of performing and autonomous objects prevails.

These objects tend to be interactive; they participate in the overall structure of the piece and are involved in events. They can be handled, moved or transformed in a way that fragments and pares the space, revealing its many faces, exhibiting normally invisible materials and structures. Considering the tectonic sense of these scenic objects, as well as their experiential bent, one can say that the premises of scenographic creation are akin to those that determine architectural spaces and the ones that are frequently translated by common processes and methodologies.

Like in the case of the majority of architectural projects, the construction of the scenic space involves material aspects of the existing space and the architectural characteristics or limitations of the theatrical building as suggestive elements in the creation of *places*. The interposition of the scenario adds a new dimension to the stage, reinterprets it and transforms it from an abstract concept into a perceptible experience, into a *place*.

This concept of *place* as applied to the scenic space carries with it certain architectural principles and codes, such as the representative nature and experiential character of inhabited spaces or the way in which they are used and adapted for a particular function.

Those interventions that deal with the relationship of the scenario with the existing space are particularly noteworthy, as they consider it to be an integral part of the performance environment and, as such, an active participant.

Considering the architectural experience applied to theatre (or performance), the scenic project is developed in close connection with reality, within the available existing space, without seeking to conceal it or create fictitious *landscapes*. In such cases, scenography is more akin to the position of architecture, and its reference system of images, than the world of the unreal and fantastic; it is more a mediating element between the existing reality and the audience's perspective. To that extent, scenography asserts itself spatially as "an ephemeral architecture, applied to theatrical narratives"[1].

[1] Manuel Graça Dias, *Conversa com Patrícia Selada. O Espaço em Cena. Do Teatro da Ilusão ao Teatro da Sugestão*, final work for degree in Architecture, FAUP, 2004-2005, p. 121.

USE OF THE STAGE: TYPOLOGIES The issue of scenographic creation necessarily involves the consideration of where the acting takes place – the stage.

Scenographic projects are grouped according to distinct typologies regarding how the stage space is used.

The first category consists of extensive occupation of the stage box, enclosing almost the entire scene. With this traditional model, *a la Italiana*, where the apron stage and the proscenium arch clearly separate the stage and the stalls, the stage design is profoundly reconfigured, altering its architectural form and the way the audience perceives it.

The second type presupposes the use of the *open scene*, with minimal intervention within the space and the creation of scenic objects that strategically occupy the space. This typology involves autonomous pieces, of variable scale and which are *compact* to a greater or lesser degree, independent of the surrounding structure. Often, they occupy the stage in a scattered fashion, accentuating the *emptiness* and reinventing the architecture of the stage via the exhibition of its constructive marks as well as the technical apparatus that supports the scene.

These pieces can be large and fixed structures or dynamic objects – multi-functional, moveable and transformable.

THE (RE)CONFIGURED STAGE *Red, Black and Ignorant (RBI)* by Edward Bond (1998) is the play that best illustrates the paradigm of the reconfigured stage. In *RBI* the space vertiginously closes up to redefine the boundaries of the stages, imposing limits on the eye and narrowing paths. However, it leaves open the possibilities of escape remain as they are implicit in the openings that scar the façades and reach beyond their limits. The scenario for *RBI* profoundly alters the architecture of the stage, disguising its boundaries. In contrast to the black box, an apparently unlimited space, this is a deliberately limited space with the intrinsic qualities of place.

THE OPEN SCENE The tension between scenic objects and the stage space is a fundamental theme that has frequently been explored. Scenography does not limit itself to passively occupying a place confined to the stage, nor does it constitute a taut formal composition. On the contrary, it defines and generates space in its dynamic relationship with the surrounding building.

In open-scene scenarios the attention of the audience is focussed on the inner part of a new physical space, but also on the confrontation of the theatre's architecture itself, at the moment the canons of conventional theatre are destabilised.

Questioning the black background that has become the norm and accepted as a translation of the infinite, the architecture of the theatre building can have a reflex of its own within this fiction. Moving contrary to the mechanism of the illusion of the scene *a la Italiana*, the empty space between the scenic object and theatre building is thus not seen as an infinite and unlimited space, but, on the contrary, as something that has very precise limits. On the other hand, working the space between the theatre (building) and the performing space (scenography) as a crack, means breaking with the prevailing model of theatre, in its hierarchy and control, establishing new rules and configurations. In these cases the scenario functions like something autonomous and constitutes a type of *stage within a stage*, in the relationship with the existing theatre and its real essence.

However, in open scene, where the wings and all the technical stage apparatus are visible, the enclosure and interior nature of the scenic object is reflected in its contrast to the apparent exterior nature of the stage, the *inside* and *outside* of the performance is indicated.

I. THE STAGE AS AN EMPTY SPACE Even when bereft of any scenographic elements the stage can be the object and inspiration of multiple uses. It can constitute a place of qualified performance, in so far as it allows the audience considerable imaginative freedom in the absence of scenarios that usually construct the sense of what we see.

In this field the show *Don't Destroy the Marigolds* stands out. Choreographed by Olga Roriz (2002), the empty stage constitutes the object that strengthens the narrative. Paradoxically, more than constructing a space, this scenography underlines the emptiness of the stage and aims to make it invisible via the black paint, leaving it in an apparent state of abandon. One would say that the scenography is virtually non-existent or subtly hidden, depending on the performance of the dancers for it to become perceptible. It constitutes a vestige of form, like osmosis between the scenario and the body.

II. THE STAGE WITHIN A STAGE OR THE REDEFINITION OF THE PERFORMANCE ENVIRONMENT Going against the characteristics of traditional theatre, where the presence of the proscenium arch changes the perception of the real boundaries of the stage, a new completely visible stage/performance environment is established.

The marking of a frontier that clearly stakes out the performance environment is included in a number of scenographic projects, creating a new place for performance. That demarcation of the performance area can occur with the construction of three-dimensional structures or the use of two-dimensional elements at floor level.

Não Destruam os Mal-Me-Queres
Don´t Destroy the Marigolds
©Alceu Bett – Ag. Espetaculum/Companhia Olga Roriz/
Bailarina/Dancer: Adriana Queiroz

In *A Visitation*, by Gil Vicente (1995), a carpet marks the performance area and preestablishes a kind of *stage within a stage*. It constitutes a clear convention and determines the boundary between the outside and the inside of the scene.

This new "topography" of the stage can also be characterised by the construction of a newly elevated floor, like in the example of *The House of Bernarda Alba*, by Garcia Lorca (2005). Here the demarcation between the backstage and the performance area coincides with the distinction between *interior* and *exterior*. The scenario, which is indicative and illustrative of the prevailing austerity, is made up of only two elements: the ceiling, vertiginously suspended and distorted, and the floor, which is raised high in relation to the level of the stage. The tension in these elements, floor and ceiling, underlines the idea of enclosure and limits the performance area. They suggest the presence of four walls that would enclose the interior space, where the only light comes through an opening in the ceiling.

III. SPARSE STRUCTURES – SYSTEM-OBJECTS In the case of scenarios made up of *system-objects*, the scenic items occupy a perfectly defined area on the open stage, according to compact or fragmented compositions that are often moveable or transformable and that redefine the stage in terms of volume and dimension. All of this in a relationship of curiosity and intimacy, nourished by its discovery.

A good example of this are the scenic containers created for the shows *Savalliana*, by Rui Lopes Graça (2000), and *A Visitation*, whose autonomy is underlined by their mobility on stage.

A Casa de Bernarda Alba
The House of Bernarda Alba
©Ana Baião-*Expresso*/SLTM

In Olga Roriz's *Private Property* (1996) and in Botho Strauss' *The Jester and His Wife Tonight in Pancomedia* (2003), the scenography is made up of dynamic objects that assume a variety of forms and functions as the story develops. With these scenic objects the performance space can occur on any part of the stage.

QUESTIONING PERFORMANCE LIMITS The issue of the physical demarcation of the performance area essentially relates to a staging option and refers to the questioning of conventions with regard to the performance space.

In Jean Racine's *Berenice* (2005), there is a rejigging of the stage that establishes new terms for the performance. The actors never leave the stage, even when the characters are not in the scene. Sitting, facing away from each other, on a common bench, they see the performance of the rest of the cast, waiting their turn to return to the scene. The show is constructed like a sequence of cinema takes, where we see the skeleton of the play.

The sloping floor defines the performing area and, simultaneously, the backstage area, highlighting the ambiguity between what is staged and what is real. By making the wings and backstage area visible and showing the movement of the actors, as they enter and exit the various scenes, this deliberately flouts the rules of traditional theatre. The transmutation of actors to characters and the inclusion of the wings in the performance area are clearly demonstrated to the audience in order to transmit the importance of the characters' movements in a *tragedy*, never leaving the scene empty and "exposing them in their dimension of those that are performing a duty"[2]. The gesture of simultaneously demarcating and integrating the terrains of performance and the real on stage, highlights the idea that the theatre is a world within a world, creating a kind of "double performance". Here we are in a place where conflict is shown between the fictitious and the concrete, between the staged and reality, permanence and the transitory.

The scenario for *The Clowns' Entrance*, inspired by texts of Hélène Parmelin (2000) consists of the exact representation of the wings and acts like boundary between the space for the imaginary circus, which is beyond the scenario and the "real" audience. As such, the audience is given the right to penetrate the intimate backstage world and to imagine the performance space as the opposite of the place where they are. This is not about faithfully recreating the backstage area of a traditional circus, but more about feeling both the familiarity and strangeness that the clown simultaneously provokes, in his wavering between the two poles of happiness and sadness. Made from one unique object that accommodates the various bare dressing rooms, the scenario functions like a fictional barrier between the clowns and the circus.

[2] Tiago Bartolomeu Costa's Blog (http://omelhoranjo.blogspot.com).

A List
©Paulo Cintra/Teatro
da Cornucópia

Paradoxically, it is the clowns' performances in the dressing rooms that gain the most importance.

In *A List*, by Gertrude Stein (1997), a ramp at the front of the stage dilutes the barrier between the stage and the hall, extending the performance area. With this gesture, the height difference between the stalls and the stage is integrated into the design of the scenic area, leading to the building of two more ramps – one at the back of the stage and the other linking the proscenium to the back curtain. These ramps demarcate the performance area and define the movement of the dancer, which indicates the length of the performance.

SCENOGRAPHY AS ARCHITECTONIC EXPERIMENTATION Although these two disciplines are considered to be substantially different from one another, scenography can constitute an extension of architectural work, where common language and themes are explored. In concrete terms, this is not about reproducing architectonic models on stage but rather examining how architecture can be represented from the uses it is connected to, or how it is understood and inhabited. In a certain way, we can say that architecture becomes a scenic object and this in turn becomes an element that configures the space in question, in a close relationship with the performer's body.

However, when architecture is considered as a reference in terms of a conceptual language and field, scenarios can assert themselves via their negation or transgression. When transposed to the stage, architectonic models take on a new meaning and represent things that are quite different from the original context from whence they came. Based on the allusion to those archetypes, this effect marks "negation through affirmation, subversion through irony, and the dialectic movement of paradox"[3] as key elements for the construction of the performance environment.

[3] Bernd Schulz, *Portfolio de Allan Wexler*, Barcelona, Editorial Gustavo Gili, SA, 1998, p. 7.

In the show *Private Property* the scenography seeks to explore the capacity to reproduce a critical representation of reality via architecture. From a certain number of basic individual activities, everyday places and their supposed perennial condition are questioned. By ironically utilising basic features of architecture, the conflict between functionality and human behaviour is exhibited and expressed by the performers through small absurdities and paradoxes. In it parallelism with architecture[4], scenography is shown to be something that influences human action, in terms of what the dancers do within the performance environment, in a dual projection of reality and fiction.

[4] "Since the beginning of architecture there seems to have been two paths marked out, one of them related to everyday life, the other with the symbolic representation of that which governs or transcends it." Alberto Saldarriaga Roa, *La Arquitectura como experiencia*, Colômbia, Villegas Editores, 2002, p. 271.

The scenario of *Private Property* symbolically evokes a city and the differences between the public and private domain. Initially, the scenario points to the public domain, the exterior, and is represented as an obstacle, a place of threat and violence. It reflects an unusual vision of the urban landscape and the absurd conflict that moves the characters. It represents an installation inhabited by the chaos of feeling and meaning, serving the human figure and diminishing it within an inhabitable context. In the second part, the scenario changes to create a domestic scene, the house, conjuring notions of intimacy and permanence. However, this house is also oppressive – its minimal spaces and dysfunctional objects, taken out of an everyday context, proclaim the body's discomfort in relation to the architecture.

The scenario is made up of one single scenic object that unfolds and changes to divide up the space and create different areas on stage: on a thick wall covered with newspaper we find the plywood doors trying to be stone – the lightness and mobility are taken unawares at the moment of their metamorphosis into something hard, heavy and impenetrable. This game of perception is not a falsehood, but a paradoxical and ironic process that stresses the elements that determine the spatial experience of the transition of architecture to the scenic object.

In *The House of Bernarda Alba* the house is the chosen place. The scenario, which is totally white, apparently rigid and geometrically basic, incarnates the oppression contained within Lorca's text and evokes the cool atmosphere that is tangible in Bernarda Alba's house. It suggests a domestic and claustrophobic place, where the house is more a prison than a material extension of its inhabitants. The notion of a cloister is hinted at by the tension between the two horizontal levels that define the house, floor and ceiling[5], whose limited height

[5] This is not a proper ceiling but a horizontal piece with a large opening in the centre, as it is necessary to keep a vertically open scene for the lighting above.

contrasts with the verticality of the stage[6]. The black/white contrast between props and scenario alludes to the dichotomy between the oppressive architecture and repressed inhabitants.

In *Red, Black and Ignorant* the scenario transmits certain ideas that are expressed in the dramatic text in architectural terms. Architectural images are deliberately transposed to the scenario in this play, with clear references to the Jewish Museum in Berlin, designed by Daniel Liebeskind. The approximation to architecture is made via form, scale and the materials that are used and via an inexorable aesthetic of oath and time. A profoundly antinaturalist place is built with real materials, recreating a *post-catastrophe* world, an *atopic* place with strong grey tones that accompanies the tone of the play. Favouring a certain superficial clarity, the scenario is "suggestive and integrative of the symbolic core of the play – destruction, but also the continuation of life, with its vertical walls and domestic niche"[7].

The performance occurs in a scene in ruins, before two purposely-disproportionate walls. These walls define the performance area; they limit the actors' movement and reassert the sense of an enclosed and demarcated space, both conceptually and physically, different places and worlds. The monumentality of the construction emphasises the differences between the human and architectonic scales, creating an effect of almost surrealist difference.

It is precisely from this dichotomy of spaces that the parallel worlds are recreated. Bursting forth from one of the walls, a small space represents a domestic area, a place of refuge. It is the only realist element and it draws a small

[6] The stages with railing and substage, whose vertical nature is reinforced by the presence of light that normally comes from above.

[7] João Carneiro, "Em tempo de guerra", *Expresso*, suplemento *Cartaz*, 18th of July, 1998, p. 14.

Vermelhos, Negros e Ignorantes
Red, Black and Ignorant
©João Tuna/TNSJ

room/bedroom of distorted perspective that disguises angles and densities. It constitutes an isolated picture, a kind of dazzling white canvas from which the bodies of the actors seem to have been taken. The objects, a table and chair, are also white and they accentuate the sense of the unreal nature of the world in which the characters live.

In the play *The Hour when We Knew Nothing about Each Other*, by Peter Handke (2001), two recurrent themes of contemporary society are portrayed: solitude and incommunicability. In this play, where silence and expression overshadow words, the Austrian playwright questions nature and the limits of theatre, through the scenic creation of the way men live and organise themselves in the city.

"As if this was about a topographic theatre"[8], the scenario evokes an urban square, a place where people pass by, which is transformed into a forest of deceit or a labyrinth of the erratic, capable of demonstrating the most pungent likenesses of mistaken paradigms. The stage of *The Hour when We Knew Nothing about Each Other* is the place where roads and paths converge, the place of those in transit. Through incessantly opening and closing doors, a whole host of characters burst onto the scene at a remarkable rate, in a scenario that is deliberately geometric and demarcated.

The scenic project for *Berenice* is determined by Racine's tragic atmosphere and consists of a massive and stripped construction, reflecting the importance of the mark of the body in the space. This is done in such a way that the audience can feel how diminished the human figure is, via the imposing nature of the

[8] Maria José Oliveira, "400 personagens à espera de um olhar", *Público*, suplemento Y, 26th of January, 2001, pp. 2, 18.

Berenice
©Margarida Dias/TNDM II

architecture. The difference between the body and the architecture gives space a sensory aspect, where dimension gains new meanings.

As Miguel-Pedro Quadrio says, the "suffocating sobriety of João Mendes Ribeiro's scenery, whose narrow geometry and impressive image (a solemn copper colour) reduces the performers to puppets from a reason that transcends them"[9], creates the appropriate atmosphere "the discursive linearity that envelops the real complexity of the tragedy"[10].

Made up of an enormous suspended wall that cancels out the depth of the stage and reduces the performance area to a narrow panoramic line, the scenography overwhelmingly imposes itself upon the actors and audience, defying the theatre's own architecture. The slope of the foreground, hanging from above, accentuates the fragility of the characters in relation to the prevailing political and moral norms, reified in a monumental architecture that expresses all of the inexorable weight of the empire. There is a second wall that divides the stage in half and symbolically marks a fracture. Beyond that passage an open space emerges, oneiric territory, where the actors move freely. It is with sumptuous and disconcerting simplicity that the scenario transports the audience to a profoundly evocative land, where the body and space are questioned. The formal characterisation of the scene uses architectural elements to create a kind of *three-dimensional painting*, clearly referenced in the work of Bob Wilson. An imaginary city that is ripe for all kinds of fantasies is also found in Molière's *Don Juan* (2006), although in a different sense, including the death of D. João at the end, prefiguring a kind of mental territory, creating a formal device for an imaginary reality, something portrayed as a boundary between different worlds.

In this show the impulsive and organic movements of the actors are compared to the geometric rigidity and the regularity of an architectural structure that is defined in the *practicable*, meticulously made up of what seems to be vestiges of a destroyed city, the remains of constructions.

THE RECREATION OF REAL IMAGES AND THE TRANSFIGURATION OF OBJECTS WITHIN THE THEATRICAL CONTEXT The use of architectonic elements and everyday objects can constitute a model of understanding and identification for the audience. However, if on the one hand the use of those elements allows for an approximation or empathetic relationship between the audience and the object, on the other hand the recognition of familiar forms is also a motive for unfamiliarity, especially if one considers the distortion of scale and the change of context. When the real object is transposed to the stage, it loses its everyday truth to reach the poetic level of interpretation, with

[9] Miguel-Pedro Quadrio, "O intenso lamento de amor da desditada rainha Berenice", *Diário de Notícias*, 9th of May, 2005, p. 33.

[10] João Carneiro, "Uma história simples", *Expresso*, suplemento *Actual*, 30th of April, 2005, p. 55.

[11] *Pedro and Inês* opened on 4th of July, 2003, in the Teatro Camões, in Lisbon, and originated from an invitation made by the Companhia Nacional de Bailado to choreographer Olga Roriz. The piece is based on one of the most famous Portuguese love tragedies, the eternal passion between Pedro and D. Inês de Castro, which was frowned upon by her father King D. Afonso IV. Without going into the political context that ruins the love of D. Pedro and D. Inês de Castro, the choreography focuses on the impossibility of that love, on the triangle of love, pain and death. This work is very much in line with Olga Roriz's previous work, where she explores the conflictual nature implicit in fatal love with expressionist gestuality.

another amplitude and meaning. It acquires a singularity given by the new context, in an overestimation that can be some way from its real affective importance. It is presented out of its everyday context (and sometimes its temporal context), simultaneously taking on the role of document and agent of a narrative where it finds its own end. It functions like a reconstruction of references for the audience, from the deconstruction of its memory.

In the scenography for the show *Pedro and Inês*[11], by Olga Roriz (2003), an outside space is recreated, with earth and a water tank, which symbolically points to the Fountain of Loves in the garden of the Quinta das Lágrimas estate. The scenography represents the physiognomy of a living and concrete context in a condensed form. It is expressed in a conceptual image of the outside world and the illusionary effect is heightened by the use of real materials, such as water and earth, out of their natural context. The true nature of the materials or the objects is only revealed by use, with the actions of the performers. As such, the inclusion of everyday elements in the scenario intensifies the reality of the bodies and their movement.

Theatrical feelings are produced in the physical, affective and even emotional relationship with the scenic objects and not in some simulated sense.

The process of decontextualisation and (re)functionalisation of the objects is not dissimilar to the automatism and the ready-mades of Marcel Duchamp, aiming to explore the poetic/aesthetic aspect of these artefacts. Divested of their original context and natural function, the extreme materiality of the ideas and the dissolution of their everyday meaning are emphasised.

Chairs are used in unusual and strange ways in the scenarios for *Private Property* and for *Red, Black and Ignorant*. Suspended from a wall, a number of metres from

Pedro e Inês
Pedro and Inês
© Alceu Bett –
Ag. Espetaculum/CNB

the ground, can the chair continue to be seen as a chair? Bereft of its original context and natural function, the chair is open to new interpretations and shows "a suspended action, marking how far it is from its original function"[12].

In *Don Juan* the use of recognisable elements of architecture, such as doors or windows inserted into the irregular surface of the *practicable*, imbues the structure with a sense of *reality*, distinguished by the sense of scale, volume and depth. The (re)utilisation of existing materials, such as construction waste or works fragments, emphasises the idea of transitory nature and ambiguity that characterises events. According to Paulo Eduardo Carvalho, in *Don Juan* there is a rare combination "among elements extracted from the real like doors, windows and other apparent wooden refuse – with such a rare abstract sense"[13]. These materials, decontextualised and divested of their material and symbolic connotation, acquire an essentially artistic value and, as such, neutralise the spaces, making them ready for a variety of appropriations.

The reconfigurations of the objects and their new uses constitute a central theme in the contemporary language of theatre. The operative characteristics of the scenic objects expand with their transfiguration, their assembly and disassembly, or even the possibility of dividing them up into sections.

In *Love of Don Perlimplín with Belisa in the Garden*, by Garcia Lorca (2002), the ambiguity of scenic objects to recreate new theatrical meanings is explored. Trees cut horizontally, function as boards for a floor/practicable. Then, placed vertically, they make up a garden that then turns into a ladder. A trapdoor in the floor, cut out to create a kind of orchestra pit, or a bed that unexpectedly appears in the *practicable* and changes into a table, confirm the scenic ingenuity.

[12] André Guedes, "Sobre a série *O Postal da Amizade*, e a exposição 'O Jardim e o Casino, a Praia e a Piscina'", 2005.

[13] Paulo Eduardo Carvalho, *Ricardo Pais, Actos e Variedades*, Porto, Campo das Letras, 2006, p. 170.

D. João
Don Juan
©João Tuna/TNSJ

In *Sacadura's Sky*, by Luísa Costa Gomes (1998), the fragmentation of the scenic objects corresponds to the atomised sequence of the staging. The Sacadura's aeroplane is cut into various parts to represent objects with quite distinct characteristics: the shell acquires the form of a whale and the wing, when hanging, becomes a huge lamp. The objects in the background are deliberately distorted and disproportionate, in relation to those placed in the foreground. The purpose of this articulation of different representational scales is to accentuate the effect of perspective and the depth of the scene and create the illusion of remoteness.

CONTENTION AND INTENSITY The theme contention and intensity is related to the exploration of an area of symbolic representation, metaphorically connected to the real world, through a process of formal synthesis and reduction according to a *minimalist* and virtually abstract language.

The rigour in construction, allied to the reduction in means and formal elements, "from the revitalisation of the formal modernist performance"[14], constitutes a performance model common to scenographic and architectural creation.

[14] Jorge Figueira, "A outra tradição", *Público*, revista *Mil Folhas*, 24th of December, 2005, p. 22.

This approximation to minimalism particularly shows the synthesis of work and reduction of scenographic language to the expressive clarity of forms and materials, referenced in the artistic qualities, as well as the aesthetic nature of austere and bare spaces. It also transmits the economy of means and the literal use of materials in the building of scenic objects. However, scenic objects should demonstrate dramatic intensity and simultaneously participate in its

Amor de Don Perlimplín con Belisa en su Jardín
Love of Don Perlimplín with Belisa in the Garden
©Augusto Batista/A Escola da Noite

construction. In this sense, as mentioned by Ana Tostões, "two apparently irreconcilable approaches are put together: on one hand, an abstract and minimal sense and, on the other, a strong expressive, even dramatic emphasis that shows both an attentive reading of the situations and an effort to empathise and relate to the context"[15].

In line with the words of Jaroslav Malina, minimalism and abstraction in scenography is concerned with the elimination of any superfluous or merely decorative element and they express dramatic action through poetic and metaphorical means.

This stripping down is particularly evident in the show *A Visitation*, where the highly synthetic scenario is only made up of a rug and a wooden box. This *container-box*, the only scenic piece, shows itself to be a most dynamic and flexible object, which is able to take on a variety of forms and combinations.

In the scenographic projects for Garcia Lorca's plays, *Love of Don Perlimplín with Belisa in the Garden* and *The House of Bernarda Alba*, the reduction of the performance environment to its essence is also explored. In both pieces only two levels define the place of performance: in the first, a horizontal plane counterpoised with a vertical one, and in the second two projected horizontal planes.

In *Don Juan*, there is an open space with no staging constraints. The minimal and succinct scenario, simply made up of a sloping platform, restrained in its marks and signage, free-reign for scenic appropriations.

ABSTRACT LANDSCAPES Following the purposes of modern theatre, the creation of *abstract landscapes* denotes the intention of using a scenographic vocabulary that, in its abstract language, contains significant expressive capacities.

When one understands scenography as something more than the mere literal translation of dramaturgy, it facilitates parallel content as the insinuation of tension and "narrative" meanings that stem from the predominantly abstract scenic structures.

The creation of abstract landscapes deterritorialises what happens and places it in the field of the imagination, where it is up to the audience to construct hypothetical places from subtle signs but, most importantly, it signals personal interpretation and places conjured up from memory.

This abstract form of creating scenography fits in with abstractionism, symbolism or constructivism and openly goes against the naturalist model, which is based on illustrative and realist representation, on simulation and sign.

In the show *Don Juan*, the scenario does not represent a finished scene and an unambiguous understanding. It aims to prefigure a kind of *mental landscape* via a structure that is visible for the imagination and less a way of shaping real

[15] Ana Tostões, "Neutro e excepcional ou o esplendor da verdade", *in* Isabel Penha Garcia (org.), *João Mendes Ribeiro/Arquitecto – Obras e Projectos, 1996-2003*, Porto, Edições Asa, 2003, p. 9.

physical and recognisable places. In this case, the breaking down of the form, the apparent levitation of the *practicable*, where the action and the unfinished image of the scenario occur, facilitate the intersection of various universes which enrich the dramaturgy itself.

The prefiguration of abstract and apparently *empty* objects initially causes perplexity that gradually dissipates as the performance moves on and as the performers use the objects, evoking images of real and recognisable situations for the audience.

OBJECTS WITH NO TIME OR PLACE The elements of reality within the scenario normally correspond to something timeless and deliberately neutral. This neutrality reinforces the idea that the performance is focussed between the past that we all carry around with us and the present of the theatrical act, introducing within the performance environment the possibility of a connection with contemporaneity and the renewal of language.

The undefined time, in which things take place in the schematic and fragmented *Sacadura's Sky* is transmitted in the design of Sacadura's small aeroplane, which was recreated from a 1986 engraving by Bartolomeu Cid dos Santos, *The Farewell*, and built according to similar techniques and materials to those of the original.

Also the props, particularly the wardrobe, which is in perfect harmony with the costumes, proclaims the link between the modern and the past.

In this sense, the idea of contrast or opposition between the timeless scenario and the dated props, so frequently used in scenic construction, reflects the

D. João
Don Juan
©João Tuna/TNSJ

overlapping of different times and confers a density and particular atmosphere to the piece.

In *The Hour when We Knew Nothing about Each Other*, with the everyday meeting of anonymous people from the biblical age or the kingdom of fables, the scenario goes beyond the diachrony of the present and is entwined in synchrony with a historical, symbolic, poetic and mythical time.

MULTIPLE OBJECTS The theme of multifunctionality often used in scenography is translated into flexible and transformable objects or object systems. These objects allow the creation of different scenic compositions via movement, creating abstract spaces or places and objects that are recognisable to the audience.

One of the most used resources is the changeability of the scenic object; its expansion or transformation imbues scenes with different levels of intensity and allows different composition, in terms of how the stage is occupied. This scenic malleability is an approximation of the idea of action design introduced by Jaroslav Malina, according to which the scenography shapes the dramatic act and functions like the driving force in how the whole piece develops.

Scenography is seen as an eminently performance-oriented space, without the rigidity of perspective and the frameworks that the more architectonic models tend to impose. It is in constant metamorphosis throughout the piece, creating multiple performance environments.

Thus, scenic objects are not only the physical structures that support dramaturgy but are an integral part of what takes place.

As Ricardo Pais has said, the transformation and mobility of the scenario reinforces the idea of a place of performance, temporarily inhabited, and distancing itself from the permanent nature of architecture, "where the use of perspective and what fits take on different meanings"[16].

A stand out example of multifunctional structures is the one used for the show *Private Property*. "In effect, one of the identifying characteristics of the piece is the presence of architecture that is malleable, multiuse and one that allows a variety of images and solicitations, creating several mutated spaces that the performers exploit in their different dimensions: forms, volumes and materials"[17]. The structure of the scenario consists of a type of container, an inhabited wall that crosses the stage and divides it into two spaces. A construction that places us within an outside public space as much as it moves and transforms itself into tiny inhabited cells. "It is the box-of-tricks, [...]; it is the street [...]; it is a barrier and obstacle or walkway, when it forms a diagonal; it is a house and another house [...], when it is reduced to dust in the various (interior) spaces"[18]. It is closed to immediate perspective, via panels/pivot doors that impose pace and variation

[16] Ricardo Pais, *Manual de Leitura UBUs*, Porto, Teatro Nacional de São João, p. 17.

[17] João Mendes Ribeiro, *Fragmentos de uma Prática de Dramaturgia do Espaço*, summarised work done for the pedagogic aptitude and scientific capacity tests, Departamento de Arquitectura da Faculdade de Ciências e Tecnologia da Universidade de Coimbra, 1998, p. 79.

[18] Cristina Peres, "Certas solidões privadas", *Expresso*, suplemento *Cartaz*, 3rd of August, 1996, p. 12.

upon events, or small windows that alternate with opaque surfaces, provoking the audience's system of perception.

In the show *The Jester and His Wife Tonight in Pancomedia*, the idea of mobility is substantiated in Hotel Confidence, a transitory place, a stopover, inhabited by volatile characters. The structure of the play has three very clear points of support: a scenario that changes both in visual and contextual terms with the action of the performers, a frenetic succession of pictures of groups, solos and duets and the alternation of protagonism between the body, the word and the scenic architecture. The constant movement goes from text to the scenario in permanent flux: two apparently identical macroobjects are moved around the stage to create different scenes, revealing the formal and chromatic plurality of its different facets. The scenario transmits an idea of circular mobility (similar to an open book) that constantly returns to the area of the Hotel reception.

Its multiple operative possibilities, isolating the scenes from a common structure, are manifested according to Botho Strauss' fragmented narrative, "resulting from a kind of collage/juxtaposition of segments or bits of action, of the articulation of registers that can go from the concrete to the oneiric, from the realist to the most fantastic, from the tragic to the grotesque"[19].

Based on a piece by Gil Vicente, *A Visitation* stresses, in an extremely compact form, the character of the object as a structural and active element in the construction of a narrative that is drawn from a collection of events. This is about a transitory object that constantly changes according to events, according to the intervention of the actors: a small container of surprises that opens and folds out, multiplying the performance environments and evoking different places for the each one of the four acts[20] represented. The closed casket is activated by the actors' bodies, which reveal its interior and shape the space by its manipulation.

In *Skyscraper*, by Jacinto Lucas Pires (1999), the typology of the landscape space is prefigured. Its characterisation is determined by the scenic objects that occupy the stage in an almost mechanical way. In *Skyscraper*, with its constant scene changes testing the limits of theatrical grammar, the cinematic pace dictated by the textual language leads the scenography to go through a number of quadrants imposing a constant dynamic upon the assembly and disassembly of the scenes. Like in a cinematographic sequence, the scenario of *Skyscraper* plays with the depths of the field, from a frenetic sequence of scene changes and the scenic objects' capacity for change – where, as Jacinto Lucas Pires would say, "the forms transtuff"[21]. The actors are simultaneously operators and choreographers of an intentional dance of scenographic modules. Apart from the moveable and multifunctional structures, the acting shots multiply on the screen at the back of the scene and on a kind of modular passage that crosses the stage.

[19] João Carneiro, "Brincadeiras", *Expresso*, suplemento *Actual*, 25th of October, 2003, p. 31.

[20] "*Uma Visitação* is a wide-ranging study of the work of Gil Vicente. *Auto da Visitação (Monólogo do Vaqueiro)* is the first of his works, *Floresta d'Enganos* from which we have taken the prologue, is the last. *Velho da Horta* and *Auto dos Físicos* represent different and intermediate periods of the author's dramatic production, which are united by common aspects: the Love, the Ilusion and the Death." A Escola da Noite, *Outra Visitação*, show programme for *Uma Visitação*, Coimbra, 1995, p. 3.

[21] Jacinto Lucas Pires, *Arranha-Céus*, Lisboa, Edições Cotovia, 1999, p. 95.

The suitcase-tables built for the show *Angels, Archangels, Seraphs, Cherubs... and Powers*, by Olga Roriz (1998), stand out among the multifunctional objects and can now be seen again in the exhibition for the Prague Quadrennial.

The intention for this project was to recreate a hybrid landscape that reflects the pulse of the Portuguese people, simultaneously integrating references to rurality and the urban world. The empty stage is covered with organic material like earth, hay, cotton or flowers and a number of other objects: a metal ramp, which becomes the floor and demarcates an interior space, or the suitcases that become tables, demonstrating flexibility and multifunctionality.

Using natural elements and manufactured materials, such as the picnic suitcase-tables, Olga Roriz creates scenes that suggest ancestral places of a rural country connected to the rituals of work, of religion or play. However, the show does not represent a nostalgic perspective on a lost portugality. On the contrary, the supposedly more evocative and realistic scenes rapidly become abstract situations that point to unidentifiable places.

SPACE AND OBJECTS AS EXTENSIONS OF THE BODY Within the context of the scenic arts, the concept of space involves a much broader sense than the one associated with the architectonic definition. In theatre, as in dance, an event between two people is spontaneously understood as space. In this sense, the possible proposals for the organisation of the performance environment are not based on a strictly architectural response, but more something that

Anjos, Arcanjos, Serafins, Querubins... e Potestades
Angels, Archangels, Seraphs, Cherubs... and Powers
©Alice Valente Alves/
Companhia Olga Roriz/
Bailarina/Dancer: Suzana Queiróz

seeks to integrate the body in its ability to impose itself and generate space in compositions and structures that transmit that interaction.

The composition of movement is closely connected to the manipulation of the objects and the exploitation of their scenic potential or their aesthetic characteristics. It is suggested to the performers that they manipulate and adapt the objects to the movement of their bodies. These objects demonstrate their material rigidity, on one hand, and on the other they show a human malleability, as if they were extensions of the body in movement. Although virtually abstract, the scenic objects in terms of their biomechanical aspect, introduce a subtly constructed "narrative" from the gestures of the performers that handle them.

This is particularly obvious in the scenography created for Olga Roriz's choreography, where the objects combine well with the dance, introducing a choreographic fluency that supports the affirmation of the contents of the piece. Much of the improvisation that shaped the scenes that made up her pieces stem from the manipulation of objects that are familiar to the performers. Producing images close to the everyday, this relationship between the body and the objects attribute connotation to, compel, reiterate or extend the possibilities of movement. Olga Roriz effectively explores the tension that comes from the difference between the rigorous geometry of the objects and the informal gestures of everyday life.

In *Angels, Archangels, Seraphs, Cherubs... and Powers*, each individual carries a suitcase on an empty stage. The hidden table is transformed from within the suitcase, whose sudden metamorphosis spurs the movements of the dancers' bodies. The suitcase is also a box that contains two stools, used by the characters to sit comfortably at the table. A long bench is made out of these tables, where a kind of "last supper" takes place, with the assembly and disassembly of the bench assuming the extension of the body itself, restricting and exacerbating the movement of the dancers.

F. I. M. (Fragmentos/Inscrições/Memória)
F. I. M. (Fragments/Inscriptions/Memory)
(Cenário/Scenario: Propriedade Privada/Private Property)
©JMR/Ballet Gulbenkian/
Bailarinos/Dancers:
Francisco Rousseau,
Carlos Prado

For *Private Property* a scenic object was created that, along with the dancers bodies, constructed the space in a symbolic and poetic way. Thus, all of the scenography is constructed in terms of its connection with the bodies and the movement of the performers, and the scenic objects work both as interlocutors and propellants of the choreography. Actually, various choreographic sequences are dependent on the use of scenographic elements and the action of the dancers seeks to expressively echo their material potential and qualities.

The displacement of the body, as the centre of the construction of a language, as a means and place of expression, was exploited via the possibility of the handling of materials and objects. When in contact with the performers' bodies, the objects and materials lose their definitions of rigid substance to produce unique fragments of dance.

THE LINE BETWEEN VISIBLE AND INVISIBLE – FRONT AND BACK The construction of a boundary that dictates the separation between the visible and invisible space is one of the most important themes in the history of the performance environment. The question is asked regarding what implications there are for the scenic object in this spatial concept, in the characterisation of the boundary of its visible and invisible faces or in the definition of front and back.

According to theatrical convention, the frontal scene, the line that separates the visible and invisible elements, is decisive in the creation of the performance environment. In traditional theatre a frontal relationship is established with the audience and there is a focus on the visible side of the scenario, which is seen as a surface rather than something with spatial and volumetric qualities.

However, the performance environment is now considered to be a three-dimensional entity, where all of the facets of the objects are given equal value, although they may reveal quite different realities. With this idea the mobility and cinematographic aspect of scenarios is exploited, in the sense of the sequential perception of its different facets, on the part of the observer/spectator.

The autonomous nature of the scenario, in comparison with the stage and particularly the proscenium arch, alongside the mobility of the structures, affords a complete vision of the scene, where the distinctions between front and back are diluted.

In *Private Property*, the two sidedness is explored as a central theme, and the two sides of the scenario correspond to opposing but equally valid spaces: on one side, an outside space evoked by the solidity and opaqueness of a wall; on the other, fragmented spaces distinguish the cosy touch of more intimate places. An in-between situation is prefigured with part of the scenario placed diagonally across the stage, suggesting a place of mere transit and then dispelling this notion by exposing both sides and revealing the structure's interior. At the end of the performance, the scenario becomes transparent and extends the length of the stage, showing the coexistence of the two different sides.

In the show *The Jester and His Wife Tonight in Pancomedia*, the scenario is made up of two large pieces that fold out and open like books, forming a group of four vertical pieces, which are distinguished by their chromatic make-up. The external sides are painted black and denote outside places, the other side, which is painted red, evokes interior, hidden spaces.

In the same way, the scenario for *A Visitation* uses light-coloured wood to define the covering of the container that, as it opens and changes, reveals the inside space, characterised by dark wood.

SYMMETRY AND ASYMMETRY The exploration of the theme of symmetry/asymmetry is recurrent when defining the identity of each project. The use of symmetry, as the affirmation of a certain classicism, is used as a geometric principle that guarantees balance in terms of composition. Any asymmetrical situations introduce occasional exceptions to the rule, without altering the aesthetic basis of the forms' dynamic equilibrium.

In the scenography of *Dear Monster*, by Javier Tomeo (1992), which is made up of two dense high walls where an oversized door and window stand out, the symmetry is broken with the exaggerated slope of the floor, which has precariously and disturbingly unstable objects. These objects transmit the imbalance of power among the characters, multiplying the tension suggested by the text.

The scenario for *Red, Black and Ignorant* aims to recreate a new and peculiar state of things, which is transmitted by the eccentric and asymmetrical look of the scene. However, this is an asymmetry that is balanced by the intentional exaggeration of proportion and scale and by distorted perspective. Although a vertical opening and a ramp mark the pivotal point of the stage, the escape point is to the right, at the top of the acute angle formed by the adjacent walls.

D. João
Don Juan
©João Tuna/TNSJ

On the opposite side, a small compartment coming out of the wall allows the dynamic balance of the scene to be reestablished.

In *Don Juan*, by Molière, the recollection of death is constant throughout the play and is transmitted in the geometrical and apparently symmetrical design of the surface of the practicable, which constitutes a metaphor of the repetitive and right-angled nature of a cemetery. However, with the trap doors that open in the floor and depict a long cleft, a fracture in the geometry of the scenario is established and the symmetry of the composition is deconstructed, stressing the imbalance and instability of the events.

The initial rigidity of the scenography, demonstrated by the stripped and geometrical nature of the composition, gradually dissipates with the successive transformations and asymmetrical configurations that the scenario takes on.

THE HYBRIDITY OF LANGUAGES To sum up, we would say that each project seeks to go beyond the narrow definition of the discipline to include the contamination of experiments and permutations with knowledge from other areas. The understanding of each scenography or each architectural project, as a field of experimentation and the meeting of distinct fields of knowledge and disciplinary areas, enhances reflection upon contemporary creation and the establishing of multidisciplinary practices that prove to be enriching.

The collaborations between various artists tend to show that aesthetic affinities are not confined to the individual area that each one works in but rather that they constitute shared references and affirm the spirit of a time that values the contamination and hybridity of languages.

A CENOGRAFIA COMO EXPERIMENTAÇÃO ARQUITECTÓNICA
O palco (re)configurado
SCENOGRAPHY AS ARCHITECTONIC EXPERIMENTATION
The (re)configured stage

Vermelhos, Negros
e Ignorantes
Red, Black and Ignorant
©JMR/TNSJ

Berenice
©João Tuna/TNDM II

A Hora em que não Sabíamos nada Uns dos Outros
The Hour when We Knew Nothing of Each Other
©João Tuna/TNSJ

A CENOGRAFIA COMO EXPERIMENTAÇÃO ARQUITECTÓNICA
O palco dentro do palco ou a redefinição do espaço de acção
SCENOGRAPHY AS ARCHITECTONIC EXPERIMENTATION
The stage within a stage or the redefinition of the performance environment

Entradas de Palhaços
The Clowns' Entrance
©João Tuna/TNSJ (p. 138)
©JMR (p. 139)

Amado Monstro
Dear Monster
© Susana Paiva/A Escola
da Noite (pp. 140-141)

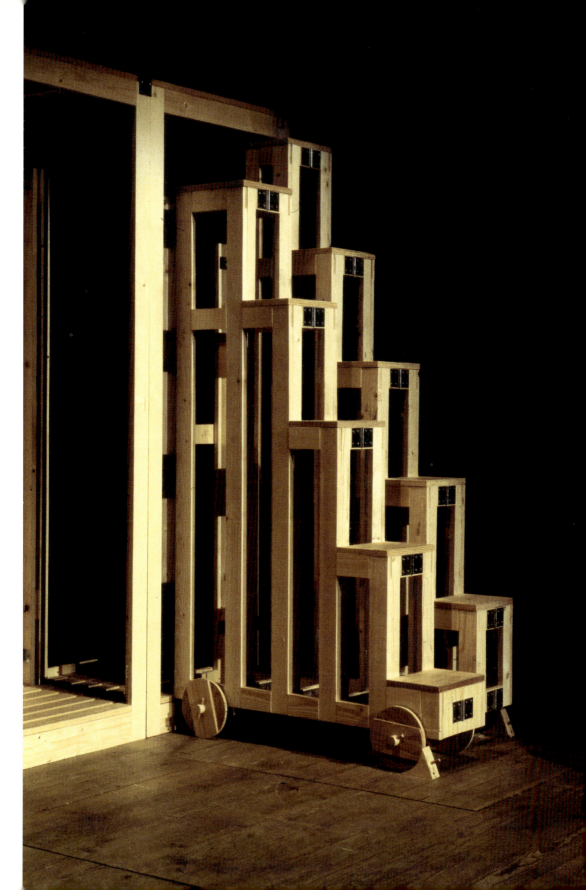

144

A Casa de Bernarda Alba
The House of Bernarda Alba
©Frederico Colarejo/SLTM
(pp. 142-143)
©Ana Baião – *Expresso*/SLTM
(pp. 144-145)

Pedro e Inês
Pedro and Inês
© Alceu Bett –
Ag. Espetaculum/CNB
(pp. 146-149)

Fiore Nudo
©João Tuna/TNSJ
(pp. 150-151)

ESPAÇOS E OBJECTOS COMO EXTENSÕES DO CORPO
O palco como espaço vazio
SPACE AND OBJECTS AS EXTENSIONS OF THE BODY
The stage as an empty space

*Não Destruam
os Mal-Me-Queres
Don´t Destroy the
Marigolds*
©Alceu Bett – Ag. Espetaculum/Companhia Olga Roriz/Bailarino/Dancer:
Rui Rosa
(pp. 152-153)

ESPAÇOS E OBJECTOS COMO EXTENSÕES DO CORPO
Dispositivos pontuais. Objectos móveis
SPACE AND OBJECTS AS EXTENSIONS OF THE BODY
Sparse structures. Movable objects

A List
©Paulo Cintra/Teatro da
Cornucópia (pp. 154-155)
©JMR (pp. 156-157)

O Céu de Sacadura
Sacadura's Sky
©JMR/TNDM II
(pp. 158-159)

Arranha-Céus
Skyscraper
©João Tuna/TNSJ
(pp. 160-161)

ESPAÇOS E OBJECTOS COMO EXTENSÕES DO CORPO
Dispositivos pontuais. Objectos móveis e múltiplos
SPACE AND OBJECTS AS EXTENSIONS OF THE BODY
Sparse structures. Movable and multiple objects

Uma Visitação
A Visitation
©António José Martins/
A Escola da Noite
(pp. 162-163)

O Bobo e a Sua Mulher
Esta Noite na Pancomédia
The Jester and His Wife
Tonight in Pancomedia
©João Tuna/TNSJ
(pp. 164-165)

Propriedade Privada
Private Property
©Rodrigo César/
Companhia Olga Roriz/
Bailarina: Suzana Queiroz
(p. 166)

©JoséFabião/
Companhia Olga Roriz/
Bailarinos/Dancers:
Suzana Queiroz e Ludger Lamers
(p. 167)

©Steve Stoer/
Companhia Olga Roriz/
Bailarina/Dancer:
Suzana Queiroz
(pp. 168-169)

A Sesta
The Nap
© Rodrigo César/
Companhia Olga Roriz/
Bailarinos/Dancers:
Catarina Câmara (p. 171);
Danilo Mazzotta e Maria
Cerveira (pp. 172-173);
Danilo Mazzotta, Sylvia
Rijmer, Catarina Câmara,
Pedro Santiago Cal e Maria
Cerveira (pp. 174-175);
Maria Cerveira (p. 176);
Catarina Câmara, Maria
Cerveira, Danilo Mazzotta,
Pedro Santiago Cal
e Sylvia Rijmer (pp. 180-181);
Maria Cerveira(p. 182);
Sylvia Rijmer (p. 183);
Pedro Santiago Cal
e Sylvia Rijmer (pp. 186-187).

OR Mala – Mesa + 2 Bancos
OR Suitcase – Table + 2 Stools
© Patrícia Almeida

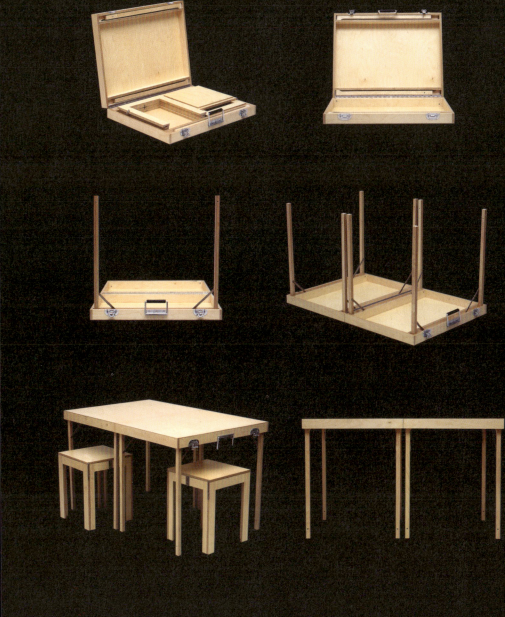

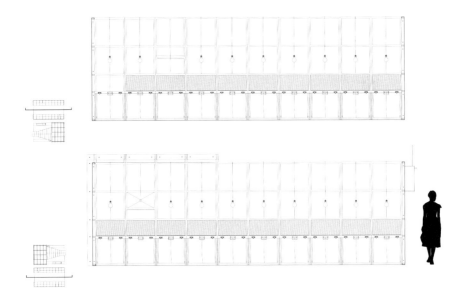

Arquitecturas em Palco
Projecto
©JMR
(pp. 194-195)

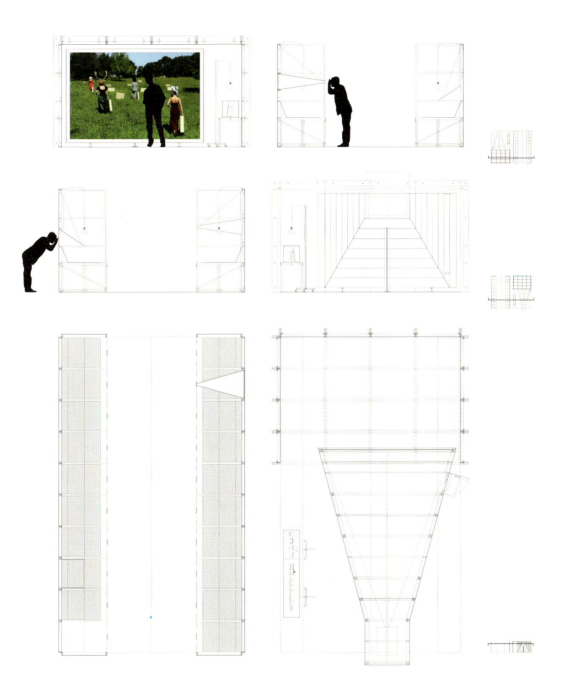

195

BIOGRAFIAS

OLGA RORIZ

Natural de Viana do Castelo, frequentou o curso da Escola de Dança do Teatro Nacional de S. Carlos, com Ana Ivanova, e o curso da Escola de Dança do Conservatório Nacional de Lisboa.

Integrou o elenco do Ballet Gulbenkian em 1976, onde permaneceu até 1992. Foi primeira bailarina e coreógrafa principal. Em Maio de 1992, assumiu a direcção artística da Companhia de Dança de Lisboa. Fundou, em 1995, a Companhia Olga Roriz, da qual é directora e coreógrafa.

O seu reportório é constituído por mais de 50 obras, criadas e remontadas para um vasto número de companhias nacionais e estrangeiras. Os seus trabalhos foram apresentados em Inglaterra, França, Alemanha, Itália, Espanha, Bélgica, Egipto, Brasil, Japão, EUA e Luxemburgo, entre outros.

Criou o movimento para variadíssimas peças de teatro, tendo ainda encenado *Crimes Exemplares* de Max Aub para o Teatro Plástico e a ópera *Perséfona* de Igor Stravinsky para o Teatro Nacional de S. Carlos.

Em 2005, comemorou 50 anos de idade, 30 anos de carreira e 10 anos da sua Companhia.

Estreou-se como realizadora no ano passado, com o filme *Felicitações Madame*.

RICARDO PAIS

Nasceu em 1945. Enquanto aluno da Faculdade de Direito de Coimbra, inicia-se no teatro como membro do CITAC – Círculo de Iniciação Teatral da Academia de Coimbra. Entre 1968 e 1971, frequenta o curso superior de Encenação do London's Drama Centre, onde obtém o Director's Course Diploma, tendo como prova de fim de curso *The Two Executioners*, de Arrabal. Foi professor da Escola Superior de Cinema de Lisboa (1975-83); coordenador dos projectos Área Urbana – Núcleo de Acção Cultural de Viseu (a partir de 1985) e Fórum de Viseu – Serviço Municipal de Cultura e Comunicação; director do TNDM II (1989-90), e comissário geral para Coimbra – Capital do Teatro (1992-93). Foi director do TNSJ entre Dezembro de 1995 e Setembro de 2000. É assessor principal do quadro do Ministério da Cultura. Foi requisitado, em 2001, pelo Instituto Superior Politécnico de Viseu, onde desenvolveu projectos na área da formação em Artes do Palco. Em Outubro de 2002, volta a assumir o cargo de director do TNSJ. Dirigiu o festival PoNTI – Porto. Natal. Teatro. Internacional nas edições de 1997, 1999 e 2004, tendo esta última acolhido excepcionalmente o XIII Festival da União dos Teatros da Europa.

ANTONI RAMON GRAELS

Barcelona, 1957. É professor de Composição Arquitectónica na Universidade Politécnica da Catalunha. Licenciado em Arquitectura em 1983, termina o seu doutoramento em 1989 com a tese *Del símbolo al espectáculo. Idea y forma en los teatros de la ilustración al eclecticismo*. Ministra cursos de História da Teoria da Arquitectura.

É professor do Curso de Doutoramento em Artes Cénicas do Instituto de Teatro de Barcelona e Curso de Mestrado Arte e Espaço Efémero. É investigador principal do projecto de investigação Protección y Modernización de Teatros (1992-95).

Publicações: "Modernisme Arquitectònic: Ideologia i estil", *Història de la Cultura Catalana*, ed. 62, 1995; A. Ramon e C. Rodríguez (eds.), *Escola d'Arquitectura de Barcelona. Documentos y Archivo*, UPC, 1996; *El lloc del teatre: Ciutat. Arquitectura. Espai escènic*, UPC, 1997; "De la idea a la ciutat", in *El Palau de la Música catalana de Lluís Domènech i Montaner*, Lunwerg, 2000; "El lloc del teatre: Barcelona fi de segle", in *I simposi Internacional sobre teatre català contemporani*, Institut del Teatre, 2005; E. Granell e A. Ramon, *Lluís Domènech i Montaner. Viajes por la arquitectura románica*, COAC, 2006.

DANIEL TÉRCIO

Nascido em Aveiro em 1954, frequentou o curso de Filosofia na Faculdade de Letras da Universidade de Lisboa e depois ingressou na Escola Superior de Belas-Artes de Lisboa, onde concluiu a licenciatura em Artes Plásticas – Pintura. Os estudos sobre arte, que prosseguiu ao nível do mestrado na Faculdade de Ciências Sociais e Humanas da Universidade Nova de Lisboa, foram-se deslocando para as artes performativas e para a história do corpo. É autor de obra literária e de diversos artigos de opinião, colaborando também em projectos performativos. Em 1999, na sequência do doutoramento realizado na Faculdade de Motricidade Humana, publicou na editorial Inapa *Dança e Azulejaria no Teatro do Mundo*. Actualmente, além de docente na Faculdade de Motricidade Humana da Universidade Técnica de Lisboa, é colaborador regular no caderno *Actual* do semanário *Expresso*, assinando aí crítica de dança e artigos de opinião.

MIGUEL-PEDRO QUADRIO

Nasceu em 1967. Licenciado em Línguas e Literaturas Modernas – Estudos Portugueses pela Faculdade de Letras da Universidade de Lisboa [FLUL]. Em 1995, torna-se assistente na Faculdade de Ciências Humanas da Universidade Católica Portuguesa e, desde 2002, crítico de teatro do jornal *Diário de Notícias*. Como especialista da área do teatro, integrou a comissão de avaliação do Programa de Apoios Sustentados para 2005-2008 (região Norte) e, em 2006, o júri do Programa de Apoios Pontuais, ambos financiados pelo Ministério da Cultura/ Instituto das Artes. Fez parte do júri do Prémio da Crítica 2003 e 2004, promovido pela Associação Portuguesa de Críticos de Teatro [APCT] e da 6.ª e da 7.ª edição da mostraTE/Mostra de Teatro Jovem de Lisboa, organizadas em 2004 e 2005 pela Câmara Municipal de Lisboa. Entre 2004 e 2005 integrou o conselho redactorial da revista *Sinais de Cena*, publicação da APCT e do Centro de Estudos de Teatro, da FLUL. Desde Janeiro de 2007, é editor associado da revista de artes performativas *Obscena*. Tem artigos seus editados em diversas publicações nacionais e estrangeiras.

JOÃO MENDES RIBEIRO

Coimbra, 1960. Licenciou-se na Faculdade de Arquitectura da Universidade do Porto, onde leccionou entre 1989 e 1991. É docente da disciplina de Projecto no Departamento de Arquitectura da Universidade de Coimbra desde 1991, tendo sido assistente do Professor Arquitecto Fernando Távora entre 1991 e 1998. Membro da Companhia de Teatro A Escola da Noite. Participou em inúmeras exposições nacionais e internacionais, entre as quais se destacam a Representação Portuguesa na 9.ª e 10.ª Mostra Internacional de Arquitectura da Bienal de Veneza, em 2004 e 2006. O seu trabalho foi objecto de várias publicações e foi reconhecido com diversos prémios, entre os quais se destacam os Prémios Architécti 1997 e 2000, Lisboa, o Prémio Diogo de Castilho 2003, Coimbra, o Premis FAD 2004, Barcelona, Highly Commended, AR Awards for Emerging Architecture, 2000, Londres, e a nomeação para o European Union Prize for Contemporary Architecture – Mies Van der Rohe Award 2001 e 2005, Barcelona. Foi finalista da II e IV Bienal Iberoamericana de Arquitectura e Engenharia Civil, 2000 e 2004, Cidade do México e Lima, e dos Premis FAD 1999, 2001, 2002, 2004 e 2006, Barcelona. Em 2006, foi distinguido pela Presidência da República Portuguesa com a Comenda da Ordem do Infante D. Henrique.

BIOGRAPHIES

OLGA RORIZ

A native of Viana do Castelo, Olga Roriz studied with Ana Ivanova at the Dance School of the Teatro Nacional de S. Carlos and the Dance School of the Conservatório Nacional de Lisboa.

She joined the Ballet Gulbenkian in 1976, where she remained until 1992 as prima ballerina and chief choreographer. In May 1992 she became artistic director of Companhia de Dança de Lisboa. In 1995, she founded the Companhia Olga Roriz, which she directs and choreographs.

Her repertoire is made up of over 50 pieces of work created and reworked for a vast number of national and foreign companies. Her work has been presented in England, France, Germany, Italy, Spain, Belgium, Egypt, Brazil, Japan, the USA and Luxemburg, among others.

She created the movement for a host of plays, having also staged *Crimes Exemplares* by Max Aub for the Teatro Plástico and the opera *Perséfona* by Igor Stravinsky for the Teatro Nacional de S. Carlos.

In 2005 she celebrated her 50th birthday, a 30-year career and the 10th anniversary of her Company. She made her debut as a film director last year with *Felicitações Madame*.

RICARDO PAIS

Born in 1945, Ricardo Pais began his experience in theatre as a member of the CITAC – Círculo de Iniciação Teatral da Academia de Coimbra, while a student at the Universidade de Coimbra. Between 1968 and 1971, he studied Directing at London's Drama Centre, where he was awarded the Director's Course Diploma for the end-of-course piece *The Two Executioners*, by Arrabal. He was a teacher at Escola Superior de Cinema de Lisboa (1975-83); coordinator of the projects Área Urbana – Núcleo de Acção Cultural de Viseu (from 1985) and Fórum de Viseu – Serviço Municipal de Cultura e Comunicação; director of the TNDM II (1989-90); and general commissioner for Coimbra – Theatre Capital (1992-93). He was also director of the TNSJ between December 1995 and September 2000. He is chief advisor to the Ministry of Culture. He was seconded to Instituto Superior Politécnico de Viseu in 2001, where he worked on projects in the field of Stage Arts training. In October 2002, he returned to the post of director of the TNSJ. He directed the festival PoNTI – Porto. Natal. Teatro. Internacional in 1997, 1999 and 2004. This last edition exceptionally included the 13th Festival of the Union of European Theatres.

ANTONI RAMON GRAELS

Barcelona, 1957. Antoni Ramon Graels is professor of Architectural Composition at the Polytechnic University of Catalonia. Having graduated in Architecture in 1983, he completed his PhD in 1989 with his thesis *Del símbolo al espectáculo. Idea y forma en los teatros de la ilustración al eclecticismo*. He gives courses in History of Architectural Theory. He is also a professor on the Scenic Arts PhD and the Art and the Ephemeral Space Master's at the Barcelona Theatre Institute. He is the main researcher on the research project Protección y Modernización de Teatros (1992-95).

Publications: "Modernisme Arquitectònic: Ideologia i estil", *Història de la Cultura Catalana*, ed. 62, 1995; A. Ramon and C. Rodríguez (eds.), *Escola d'Arquitectura de Barcelona. Documentos y Archivo*, UPC, 1996; *El lloc del teatre: Ciutat. Arquitectura. Espai escènic*, UPC, 1997; "De la idea a la ciutat", in *El Palau de la Música catalana de Lluís Domènech i Montaner*, Lunwerg, 2000; "El lloc del teatre: Barcelona fi de segle", in *I simposi Internacional sobre teatre català contemporani*, Institut del Teatre, 2005; E. Granell and A. Ramon, *Lluís Domènech i Montaner. Viajes por la arquitectura románica*, COAC, 2006.

DANIEL TÉRCIO

Born in Aveiro in 1954, Daniel Tércio studied Philosophy at Faculdade de Letras at Universidade de Lisboa and later attended Escola Superior de Belas-Artes de Lisboa, where he finished a Fine Art – Painting degree. His study of art, which continued at Master's level at Faculdade de Ciências Sociais e Humanas at the Universidade Nova de Lisboa, was diverted towards the performing arts and the history of the body. Hc is author of literary works, a number of articles and has worked on several performance projects. In 1999 he published *Dança e Azulejaria no Teatro do Mundo* for Inapa books, after finishing his PhD at the Faculdade de Motricidade Humana. Apart from his teaching at the Faculdade de Motricidade Humana da Universidade Técnica de Lisboa, he is currently a regular contributor to the *Actual* supplement for the weekly *Expresso* newspaper, writing dance critique and articles.

MIGUEL-PEDRO QUADRIO

Born in 1967, Miguel-Pedro Quadrio is a graduate of Modern Languages and Literature – Portuguese Studies from the Faculdade de Letras da Universidade de Lisboa [FLUL]. In 1995 he became an assistant at the Faculdade de Ciências Humanas of the Universidade Católica Portuguesa and since 2002 he has been a theatre critic for the newspaper *Diário de Notícias*. As a specialist in the area of theatre, he was part of the commission for the evaluation of the Sustained Support Programme for 2005-2008 (Northern region) and in 2006 he became part of the jury for the Individual Support Programme, both funded by the Ministério da Cultura/Instituto das Artes. He was a jury member for the Critics' Prize 2003 and 2004, promoted by the Associação Portuguesa de Críticos de Teatro [APCT], and the 6th and 7th mostraTE/Mostra de Teatro Jovem de Lisboa, organised in 2004 and 2005 by Lisbon City Council. Between 2004 and 2005 he was part of the editorial team of the magazine *Sinais de Cena*, an APCT and Centro de Estudos de Teatro/FLUL publication. Since January 2007 he has been associate-editor of the arts magazine *Obscena*. He has had a number of articles in both national and international publications.

JOÃO MENDES RIBEIRO

Coimbra, 1960. João Mendes Ribeiro, graduated from the Faculdade de Arquitectura da Universidade do Porto, where he taught between 1989 and 1991. Assistant to Professor Architect Fernando Távora between 1991 e 1998, he has taught Project in the Departmento de Arquitectura da Universidade de Coimbra since 1991. He is a member of the theater company *A Escola da Noite*. He has participated in a number of national and international exhibitions, including the Portuguese Representation at 9th and 10th International Architecture Exhibition of the Venice Biennial in 2004 and 2006. His work has been the subject of a variety of publications and he has received several awards, such as the Prémios Architécti 1997 and 2000, Lisbon; the Diogo de Castilho Prize 2003, Coimbra; the Premis FAD 2004, Barcelona; Highly Commended, AR Awards for Emerging Architecture 2000, London, and the nomination for the European Union Prize for Contemporary Architecture – Mies Van der Rohe Award 2001 and 2005, Barcelona. He was a finalist in the II and IV IberianAmerican Architecture and Civil Engineering Biennial, 2000 and 2004, Mexico City and Lima, and the Premis FAD 1999, 2001, 2002, 2004 and 2006, Barcelona. In 2006 he was distinguished with the Comenda da Ordem do Infante D. Henrique by the President of Portugal.

JOÃO MENDES RIBEIRO
Cenografias / Scenographies (1991-2007)

1991 Espaço cénico *Grupo de Vanguarda*, de Vicente Sanches/Scenic Environment *Vanguard Group*, by Vicente Sanches.
Direcção e Encenação/Director and Stage Director: Ricardo Pais.
Desenho de Luz/Lighting Design: Jorge Ribeiro.
Teatro Universitário dos Estudantes de Coimbra, Teatro Académico Gil Vicente, Coimbra.

1992 *Amado Monstro*, de Javier Tomeo/*Dear Monster*, by Javier Tomeo.
Encenação/Stage Directors: António Jorge, José Neves.
Desenho de Luzes/Lighting Design: Jorge Ribeiro.
Adereços/Props: Filipe Alarcão, Francisco Pereira.
A Escola da Noite, Teatro Académico Gil Vicente, Coimbra.

1993 *Comédia sobre a Divisa da Cidade de Coimbra*, de Gil Vicente/*The Coimbra City Emblem*, by Gil Vicente.
Encenação/Stage Director: Nuno Carinhas.
Figurinos/Costumes: Ana Rosa Assunção.
Desenho de Luz/Lighting Design: Vítor Correia.
Adereços/Props: Luís Mouro.
A Escola da Noite, Teatro Académico Gil Vicente, Coimbra.

1993 *A Farsa de Inês Pereira*, de Gil Vicente/*The Farse of Inês Pereira*, by Gil Vicente.
Encenação/Stage Director: Sílvia Brito.
Figurinos/Costumes: Ana Rosa Assunção.
Desenho de Luz/Lighting Design: Vítor Correia.
A Escola da Noite, Teatro Académico Gil Vicente, Coimbra.

1994 *Leôncio e Lena*, de Georg Büchner/*Leonce and Lena*, by Georg Büchner.
Encenação/Stage Director: Konrad Zschiedrich.
Figurinos/Costumes: Manus Huller.
Desenho de Luz/Lighting Design: Vítor Correia, Konrad Zschiedrich.
Adereços/Props: João Mendes Ribeiro, Luís Mouro, Manus Huller.
A Escola da Noite, Teatro Académico Gil Vicente, Coimbra.

1995 *Uma Visitação*, a partir de Gil Vicente/*A Visitation*, based on work by Gil Vicente.
Encenação/Stage Directors: António Augusto Barros, José Vaz Simão.
Figurinos/Costumes: Ana Rosa Assunção.
Desenho de Luz/Lighting Design: Nuno Patinho.
Adereços/Props: Ana Rosa Assunção, João Mendes Ribeiro.
A Escola da Noite, Teatro Académico Gil Vicente, Coimbra.

1996 *Propriedade Privada/Private Property*.
Direcção, Coreografia e Figurinos/Director, Choreography ans Costumes: Olga Roriz.
Desenho de Luz/Lighting Design: Clemente Cuba.
Co-Produção/Co-Production: Companhia Olga Roriz, Fundação das Descobertas, Teatro Nacional de São João, Porto.

1996 *Beckett – Primeira Jornada*, de Samuel Beckett/*Beckett – First Journey*, by Samuel Beckett.
Encenação/Stage Director: António Augusto Barros.
Figurinos e Adereços/Costumes and Props: Ana Rosa Assunção.
Desenho e Operação de Luz/Lighting Design and Operator: Nuno Patinho.
A Escola da Noite, Pátio da Inquisição, Coimbra.

1997 *A List*, de Gertrude Stein/*A List*, by Gertrude Stein.
Encenação/Stage Director: António Pires.
Figurinos/Costumes: Luísa Pacheco.
Desenho de Luz/Lighting Design: João Paulo Xavier.
Teatro da Cornucópia, Teatro do Bairro Alto, Lisboa.

1997 *Canto Luso*.
Coreografia/Choreography: David Fielding, Rui Lopes Graça, Armando Maciel.

Figurinos/Costumes: Nuno Carinhas.
Luzes/ Lighting: Paulo Graça.
Companhia Nacional de Bailado, Centro Cultural de Belém, Lisboa.

1997 *Start and Stop Again*.
Direcção/Director: Olga Roriz.
Figurinos/Costumes: Olga Roriz, Lidija Kolovrat.
Luzes/Lighting: Clemente Cuba.
Co-Produção/Co-Production: Companhia Olga Roriz, Teatro Nacional de D. Maria II, Teatro Académico Gil Vicente, Coimbra.

1998 *O Céu de Sacadura*, de Luísa Costa Gomes/*Sacadura's Sky*, by Luísa Costa Gomes.
Direcção e Figurinos/Stage Director and Costumes: Nuno Carinhas.
Desenho de Luz/Lighting Design: Daniel Worm d'Assumpção
Festival dos 100 Dias-Expo 98, Teatro Nacional de D. Maria II, Lisboa.

1998 *Anjos, Arcanjos, Serafins, Querubins... e Potestades/Angels, Archangels, Seraphins, Cherubs... and Powers*.
Coreografia/Choreography: Olga Roriz.
Figurinos/Costumes: Lidija Kolovrat.
Luzes/Lighting: Clemente Cuba.
Companhia Olga Roriz, Festival dos 100 Dias-Expo 98, Centro Cultural de Belém, Lisboa.

1998 *Vermelhos, Negros e Ignorantes*, de Edward Bond/*Red, Black and Ignorant*, by Edward Bond.

Co-Autoria de Cenografia/Co-Author of Scenography: Catarina Fortuna.
Encenação/Stage Director: Paulo Castro.
Figurinos/Costumes: Nuno Carinhas, Cláudia Ribeiro.
Desenho de Luz/Lighting Design: Abílio Vinhas.
Teatro Nacional de São João, Porto.

1998 *Propriedade Pública/Public Property*.
Direcção e Figurinos/Director and Costumes: Olga Roriz.
Luzes/Lighting: Clemente Cuba.
Companhia Olga Roriz, Expo 98, Lisboa.

1999 *Dançares/You Dance*.
Coreografia/Choreography: Rui Lopes Graça.
Figurinos/Costumes: Vera Castro.
Desenho de Luz/Lighting Design: Pedro Martins.
Companhia Nacional de Bailado, Teatro Nacional de S. Carlos, Lisboa.

1999 *O Aumento*, de George Perec/*The Rise*, by George Perec.
Encenação e Coreografia/Stage Director and Choreography: António Pires.
Figurinos/Costumes: Rosa Freitas.
Desenho de Luz/Lighting Design: João Paulo Xavier.
Movimento/Movement: Adriana Queiroz.
David & Golias, Centro Cultural de Belém, Lisboa.

1999 *Arranha-Céus*, de Jacinto Lucas Pires/*Skyscraper*, by Jacinto Lucas Pires.

Encenação/Stage Director: Ricardo Pais.
Figurinos/Costumes: Nuno Carinhas, Ana Luena.
Desenho de Luz/Lighting Design: Carlos Assis, José Carlos Coelho.
Filme/Video: Carlos Assis, Paulo Américo.
Teatro Nacional de São João, Porto.

2000 *F. I. M. (Fragmentos/Inscrições/Memória)/F. I. M. (Fragments/Inscriptions/Memory)*.
Direcção Coreográfica/Direction of Choreography: Olga Roriz.
Desenho de Luz/Lighting Design: Clemente Cuba.
Ballet Gulbenkian, Fundação Calouste Gulbenkian, Lisboa.

2000 *Savalliana*.
Coreografia/Choreography: Rui Lopes Graça.
Figurinos/Costumes: Vera Castro.
Desenho de Luz/Lighting Design: Daniel Worm d'Assumpção.
Companhia Nacional de Bailado, Teatro Camões, Lisboa.

2000 *Entradas de Palhaços*, a partir de textos de Hélène Parmelin/*The Clowns' Entrance*, inspired by texts of Hélène Parmelin.
Encenação/Stage Director: António Pires.
Figurinos/Costumes: Rosa Freitas
Desenho de Luz/Lighting Design: João Paulo Xavier.
Coreografia/Choreography: Adriana Queirós.
Co-Produção/Co-Produced: David & Golias, Teatro Nacional de São João, Porto.

2001 *A Hora em que não Sabíamos nada Uns dos Outros*, de Peter Handke/*The Hour when We Knew Nothing about Each Other*, by Peter Handke.
Encenação/Stage Director: José Wallenstein.
Figurinos/Costumes: Filipe Faísca.
Desenho de Luz/Lighting Design: Jorge Ribeiro.
Teatro Nacional de São João, Porto.

2001 *Werther*, a partir d'*A Paixão do Jovem Werther*, de Goethe/*Werther*, based on *The Passion of Young Werther*, by Goethe.
Encenação/Stage Director: António Pires.
Figurinos/Costumes: Rosa Freitas.
Desenho de Luz/Lighting Design: João Paulo Xavier.
David & Golias, Teatro do Bairro Alto, Lisboa.

2001 *Romeu e Julieta/Romeo and Juliet*.
Co-Autoria de Cenografia/Co-Author of Scenography: Alexandra Cruz.
Coreografia/Choreography: John Cranko.
Imagens/Image: Daniel Blaufuks.
Figurinos/Costumes: António Lagarto.
Desenho de Luz/Lighting Design: João Paulo Xavier.
Companhia Nacional de Bailado, Centro Cultural de Belém, Lisboa.

2002 *Não Destruam os Mal-Me-Queres/ Don't Destroy the Marigolds*.
Coreografia e Figurinos/Choreography and Costumes: Olga Roriz.
Desenho de Luz/Lighting Design: Clemente Cuba.
Companhia Olga Roriz, Centro Cultural de Belém, Lisboa.

2002 *Amor de Don Perlimplín con Belisa en su Jardín*, de Federico Garcia Lorca/ *Love of Don Perlimplín with Belisa in the Garden*, by Federico Garcia Lorca.
Encenação/Stage Director: António Augusto Barros.
Figurinos/Costumes: Ana Rosa Assunção.
Desenho de Luz/Lighting Design: Orlando Worm.
A Escola da Noite, Teatro Académico Gil Vicente, Coimbra.

2002 Ópera *Punch and Judy*, de Harrison Birtwistle/Opera *Punch and Judy*, by Harrison Birtwistle.
Direcção Musical/Musical Director: Stephen Asbury.
Encenação/Stage Director: José Wallenstein.
Figurinos/Costumes: Filipe Faísca.
Desenho de Luz/Lighting Design: Jorge Ribeiro.
Video: Paulo Américo.
Co-Produção/Co-Production: Casa da Música e Teatro Nacional de São João, Porto.

2002 *Um Dom Quixote*, a partir de Miguel de Cervantes/*A Don Quixote*, based on the work of Miguel de Cervantes.
Co-Autoria de Cenografia/Co-Author of Scenography: Alexandra Cruz.
Encenação/Stage Director: António Pires.
Figurinos/Costumes: Rosa Freitas.
Desenho de Luz/Lighting Design: João Paulo Xavier.
Academia de Produtores Culturais, Teatro Municipal Maria Matos, Lisboa.

2003 *Estudo para Ricardo III – Um Ensaio sobre o Poder*, a partir de William Shakespeare/*Study on Richard III – An Essay on Power*, based on the work of William Shakespeare.
Encenação/Stage Director: Carlos Pimenta.
Figurinos/Costumes: Filipe Faísca.
Desenho de Luz/Lighting Design: Daniel Worm d'Assumpção.
Teatro Nacional de D. Maria II, Lisboa.

2003 *Pedro e Inês/Pedro and Inês*.
Coreografia e Dramaturgia/Choreography and Playwright: Olga Roriz.
Figurinos/Costumes: Mariana Sá Nogueira.
Desenho de Luz/Lighting Design: Cristina Piedade.
Companhia Nacional de Bailado, Teatro Camões, Lisboa.

2003 *O Bobo e a Sua Mulher Esta Noite na Pancomédia*, de Botho Strauss/*The Jester and His Wife Tonight in Pancomedia*, by Botho Strauss.
Encenação/Stage Director: João Lourenço.
Coreografia/Choreography: Né Barros.
Figurinos/Costumes: Bernardo Monteiro.
Desenho de Luz/Lighting Design: João Lourenço, José Álvaro Correia.

Adereços/Props: João Mendes Ribeiro, Catarina Fortuna.
Co-Produção/Co-Production: Novo Grupo de Teatro, Teatro Nacional de São João, Porto.

2004 *O Cerejal*, de Anton Tchekov/*The Cherry Orchard*, by Anton Tchekov.
Encenação/Stage Director: Rogério de Carvalho.
Figurinos/Costumes: Ana Rosa Assunção.
Desenho de Luz/Lighting Design: Jorge Ribeiro.
A Escola da Noite, Oficina de Teatro, Coimbra.

2005 *Morte de Romeu e Julieta*, a partir de William Shakespeare/*The Death of Romeo and Juliet*, based on the work of William Shakespeare.
Encenação/Stage Director: António Pires.
Figurinos/Costumes: Luís Mesquita.
Desenho de Luz/Lighting Design: António Pires.
Ar de Filmes, Teatro do Bairro Alto, Lisboa.

2005 *The Beggar's Opera*, de/by John Gay, Benjamin Britten.
Direcção Musical/Musical Director: João Paulo Santos.
Encenação/Stage Director: João Lourenço.
Figurinos/Costumes: Maria Gonzaga.
Desenho de Luz/Lighting Design: João Lourenço, Melim Teixeira.
Coreografia/Choreography: Carlos Prado.
Novo Grupo de Teatro, Teatro Aberto, Lisboa.

2005 *Berenice*, de/by Jean Racine.
Encenação/Stage Director: Carlos Pimenta.
Figurinos/Costumes: António Lagarto.
Desenho de Luz/Lighting Design: Daniel Worm d'Assumpção.
Video: Alexandre Azinheira.
Teatro Nacional de D. Maria II, Lisboa.

2005 *A Ópera dos Três Vinténs*, de Brecht e Weil/*The Threepenny Opera*, by Brecht and Weil.
Direcção Musical/Musical Director: João Paulo Santos.
Encenação/Stage Director: João Lourenço.
Figurinos/Costumes: Maria Gonzaga.
Luzes/Lighting: João Lourenço, Melim Teixeira.
Coreografia/Choreography: Carlos Prado.
Novo Grupo de Teatro, Teatro Aberto, Lisboa.

2005 *A Casa de Bernarda Alba*, de Federico Garcia Lorca/*The House of Bernarda Alba*, by Federico Garcia Lorca.
Encenação/Stage Director: Diogo Infante, Ana Luísa Guimarães.
Coreografia/Choreography: Benvindo Fonseca.
Figurinos/Costumes: Vera Castro.
Desenho de Luz/Lighting Design: Nuno Meira.
Adereços e Assistente de Figurinos/Props and Wardrobe Assistant: José Fragateiro, Sérgio Loureiro.
Teatro Municipal de São Luis, Lisboa.

2006 Projecto cénico para o ciclo "Convidados Mortos e Vivos", constituído pelos espectáculos:/Scenic Project for the «Guests, Dead and Alive» season, involving the following shows:

Dom João, de Molière/*Don Juan*, by Molière.
Encenação/Stage Director: Ricardo Pais.
Figurinos/Costumes: Bernardo Monteiro.
Desenho de Luz/Lighting Design: Nuno Meira.
Adereços/Props: Elisabete Leão (coord.), Guilherme Monteiro, Dora Pereira.

Fiore Nudo – D. Giovanni, a partir de Mozart/*Fiore Nudo – D. Giovanni*, based on the work of Mozart.
Dramaturgia e Encenação/Playwright and Stage Director: Nuno M. Cardoso.
Adaptação e Direcção Musical/Adaptation and Musical Direction: Rui Massena.
Figurinos/Costumes: Frederica Nascimento.
Desenho de Luz/Lighting Design: Nuno Meira.
Adereços/Props: Elisabete Leão (coord.).

Frei Luís de Sousa, leitura encenada/ *Friar Luís de Sousa*, staged reading.
Direcção Cénica/Stage Director: Ricardo Pais.
Figurinos/Costumes: Bernardo Monteiro.
Luzes/Lighting: Rui Simão, Abílio Vinhas, Filipe Pinheiro.

Adereços/Props: Elisabete Leão (coord.).
Teatro Nacional de São João, Porto.

2006 *Avalanche*, de/by Ana Bola.
Encenação/Stage Director: António Pires.
Figurinos/Costumes: Dino Alves.
Desenho de Luz/Lighting Design: Paulo Sabino.
Teatro Villaret, Lisboa.

2006 *Quando Deus Quis um Filho*, de Arnold Wesker/*When God Wanted a Son*, by Arnold Wesker.
Encenação/Stage Director: Carlos Pimenta.
Figurinos/Costumes: Bernardo Monteiro.
Desenho de Luz/Lighting Design: José Álvaro Correia.
Video: Alexandre Azinheira.
Ensemble, Rivoli Teatro Municipal, Porto.

2006 *Os Negros*, de Jean Genet/*The Blacks*, by Jean Genet.
Encenação/Stage Director: Rogério de Carvalho.
Figurinos/Costumes: Bernardo Monteiro.
Desenho de Luz/Lighting Design: Jorge Ribeiro.
Adereços e Guarda-Roupa/Props and Wardrobe: Elisabete Leão (coord.).
Teatro Nacional de São João, Porto.

2006 *Dois*, a partir de *Romeu e Julieta*/*Two*, based on *Romeo and Juliet*.
Coreografia e Direcção Artística/Choreography and Artistic Director: Rui Lopes Graça.
Figurinos/Costumes: Rita Lopes Alves.
Desenho de Luz/Lighting Design: Jorge Ribeiro.
Imagens e Vídeo/Image and Video: Pedro Sena Nunes, Maria Carita.
Companhia Rui Lopes Graça, Centro Cultural Vila Flor, Guimarães.

2007 *Moby Dick*, de/by Herman Melville.
Encenação/Stage Director: António Pires.
Figurinos/Costumes: Luís Mesquita.
Desenho de Luz/Lighting Design: José Álvaro Correia.
Adereços/Props: João Calvário.
Co-Produção/Co-Production: Ar de Filmes, Teatro Municipal de São Luiz, Lisboa.

2007 *Dúvida – Uma Parábola*, de John Patrick Shanley/*Doubt – A Parable*, by John Patrick Shanley.
Encenação/Stage Director: Ana Luísa Guimarães.
Figurinos/Costumes: Carolina Espírito Santo.
Desenho de Luz/Lighting Design: Nuno Meira.
Teatro Municipal de Maria Matos, Lisboa.

2007 *(Selvagens) Homem de Olhos Tristes*, de Händl Klaus/*(Savages) Man with Sad Eyes*, by Händl Klaus.
Encenação/Stage Director: João Lourenço.
Figurinos/Costumes: Maria Gonzaga.
Desenho de Luz/Lighting Design: Anaísa Guerreiro Melim Teixeira.
Coreografia/Choreography: Carlos Prado.
Novo Grupo de Teatro, Teatro Aberto, Lisboa.

JOÃO MENDES RIBEIRO
Principais Projectos de Arquitectura e Instalações/Main Architecture Projects and Installations

1997-2000 Casa de Chá/Tea House. Ruínas do Paço das Infantas, Castelo de Montemor-o-Velho.
Arquitectura/Architecture: João Mendes Ribeiro.
Colaboração/Collaboration: Carlos Antunes, Cidália Silva, Desirée Pedro, José António Bandeirinha, Manuela Nogueira, Pedro Grandão.

1997-1998 Quiosques para o Parque Expo 98/Expo 98 Park Kiosks, Lisboa.
Arquitectura/Architecture: João Mendes Ribeiro, Pedro Brígida.
Colaboração/Collaboration: Cidália Silva, Eduardo Mota, Manuela Nogueira, Nuno Barbosa, Susana Lobo.

1997-2003 Reconversão da Ala Poente do Antigo Colégio das Artes/Conversion of the West Wing of the Antigo Colégio das Artes. CAV – Centro de Artes Visuais, Coimbra.
Arquitectura/Architecture: João Mendes Ribeiro.
Colaboração/Collaboration: Ana Bacelar, Eduardo Mota, Manuela Nogueira, Nuno Barbosa, Pedro Grandão, Susana Lobo, Vítor Canas.

1998-2002 OR Mala – Mesa + 2 Bancos/OR Suitcase – Table + 2 Stools.
Design: João Mendes Ribeiro.
Desenhado para a cenografia *Anjos, Arcanjos, Serafins, Querubins... e Potestades*, coreografia de Olga Roriz, 1998/Designed for *Angels, Archangels, Seraphins, Cherubs... and Powers*, choreography by Olga Roriz, 1998.
Redesenhado para a exposição "Mazagão, Património Arquitectónico de Origem Portuguesa" e XXI World Architecture Congress, Berlim, 2002/Redesigned for the exhibition "Mazagão, Património Arquitectónico de Origem Portuguesa" and XXI World Architecture Congress, Berlin, 2002.

1999 Instalação *Um Jardim Instalado*, exposição "Objectos Comunicantes"/*An Implemented Garden* installation, "Communicating Objects" exhibition. Experimenta Design 99, Convento do Beato, Lisboa.
Projecto/Project: João Mendes Ribeiro, Patrícia Miguel.
Colaboração/Collaboration: João Fôja, Pedro Grandão.

2000-2004 Projecto de Reconversão de Palheiro na Cortegaça, Mortágua/Barn Conversion Project in Cortegaça, Mortágua.
Arquitectura/Architecture: João Mendes Ribeiro.
Colaboração/Collaboration: Ana Moreira, Jorge Teixeira Dias, Manuela Nogueira, Sónia Gaspar, Catarina Fortuna (design de interiores/interior design).

2001-2006 Projecto de Remodelação do Laboratorio Chimico da Universidade de Coimbra/Renovation Project for the Laboratorio Chimico da Universidade de Coimbra – Museu das Ciências, Coimbra.
Arquitectura/Architecture: João Mendes Ribeiro, Carlos Antunes, Désirée Pedro.
Colaboração/Collaboration: Filipa Jorge, Hugo Santos, Manuela Nogueira, Rafael de Sousa, Rafael Vieira.

2001-2003 Projecto de Quiosque Multifuncional Porto 2001/Multifunctional Kiosk Project Porto 2001, Praça D. João I, Porto.
Arquitectura/Architecture: João Mendes Ribeiro.
Fotografia/Photography: Daniel Blaufuks.
Colaboração/Collaboration: João Fôja, Manuela Nogueira, Sónia Bom.

2002 Instalação *Paisagens Invertidas*, Pavilhão de Portugal no XXI Congresso Mundial de Arquitectura UIA, Berlim, 2002/*Reversed Landscapes* installation, Portugal Pavilion at the XXI World Congress of Architecture UIA, Berlin, 2002.
Comissariado/Curators: Jorge Figueira, Ana Vaz Milheiro (Ordem dos Arquitectos Portugueses/Order of Portuguese Architects).
Arquitectura/Architecture: João Mendes Ribeiro.
Realização de Filme/Film Maker: Daniel Blaufuks.
Colaboradores/Collaborators: Sónia Bom, Ricardo Silva (imagens 3D).

2002 Projecto de Escada Mecânica no Castelo de Rivoli, Turim, Itália/Mechanical Stairs Project for the Rivoli Castle, Turin, Italy.
Arquitectura/Architecture: João Mendes Ribeiro.
Colaboração/Collaboration: Ana Moreira, Chiara Molinar, Mafalda Cristo, Manuela Nogueira, Luís Crisóstomo, Pedro Grandão, Sónia Bom, Pedro Ganho (desenho gráfico/graphic design), Miguel Miraldo, Paulo Mateus (imagens 3D).

2003 Instalação *Objectos para Ver Fotografias/Objects to View Photographs* installation. Coimbra Capital Nacional da Cultura 2003, Coimbra.
Projecto/Project: João Mendes Ribeiro, Daniel Blaufuks.
Fotografia/Photography: Daniel Blaufuks.
Colaboração/Collaboration: Francisco Dias, João Vaz, Manuela Nogueira, Miguel Pereira, Pedro Grandão, Teresa Tellechea.

2005 Instalação *Tema-Reshuffle/Reshuffle-Theme* installation. Experimenta Design 2005, Museu da Cidade, Lisboa.
Projecto/Project: João Mendes Ribeiro.
Colaboração/Collaboration: Catarina Fortuna, Hugo Pelicano.

2005-2006 Projecto de Recuperação e Ampliação de Habitação Unifamiliar na Chamusca da Beira, Oliveira do Hospital/Refurbishment and Extension Project for One-Family Accomodation in Chamusca da Beira, Oliveira do Hospital.
Arquitectura/Architecture: João Mendes Ribeiro.
Arquitecto Coordenador/Coordinating Architect: Jorge Teixeira Dias.
Colaboração/Collaboration: Lourenço Rebelo de Andrade, Maurício Martins, Catarina Fortuna (design de interiores/interior design).

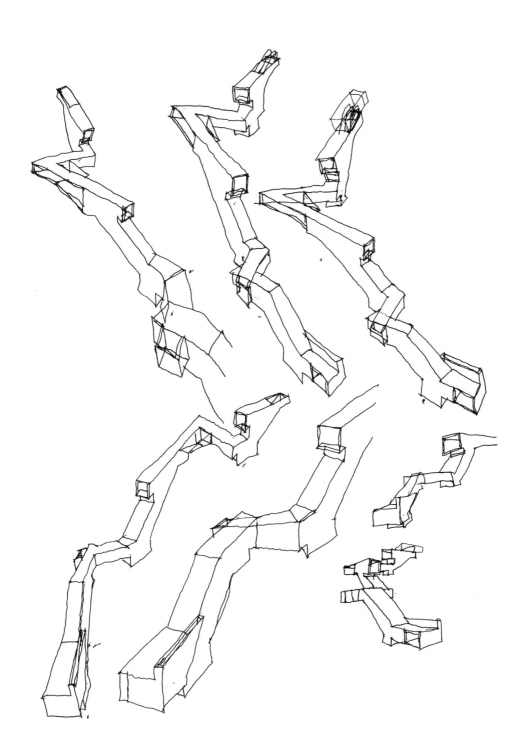

BIBLIOGRAFIA/BIBLIOGRAPHY

MONOGRAFIAS/MONOGRAPHIES
AV (2003): *JMR 92.02/Arquitectur e Cenografia*, Coimbra, Edição XM.
FARIA, Alice Santiago (coord.) (2004): *Stop and Start Again. João Mendes Ribeiro, Cenografias*, Coimbra, Edição XM.
GARCIA, Isabel Penha (org.) (2003): *João Mendes Ribeiro/Arquitecto – Obras e Projectos, 1996-2003*, Porto, Edições Asa.

LIVROS /BOOKS
AV (2006): *Premis FAD 2006*, Anuari d'arquitectura ibèrica, Barcelona, Arq--Infad Publicações.
AV (2005): *Casas de Madeira*, Barcelona, Editora Gustavo Gili.
AV (2005): *Portugal 1990-2005*, Experimenta Design 2005, Centro Português de Design, Lisboa, Publicações Dom Quixote.
AV (2004): *Portugal 1990-2004*, Pallazo Dell'Arte, Milano, Trienale di Milano.
AV (1996): *Programa Caleidoscópio*, "Encuentros en Torno a la Joven Arquitectura Europeia", Sevilha, Veneza e Porto.
AFONSO, João (ed.) (2006): *IAPXX, Inquérito à Arquitectura do Século XX em Portugal*, Lisboa, Ordem dos Arquitectos.
ASENSIO, Paço (ed.) (2002): *Arquitectura Alternativa*, Barcelona, Loft Publications.
BALADA, Carme, e GUISCAFRÉ, Eugènia (coord.) (1999): *Premis FAD 1999*, Barcelona, Arq-Infad Publicações.
BERNARDES, José Augusto Cardoso, (coord.) (2003): *Ensaios Vicentinos*, Gil Vicente, A Escola da Noite.

BRAGHIERI, Nicola (coord.) (2006): *Case in Legno*, Milano, Federico Motta Editore Spa.
BYRNE, Gonçalo (coord.) (2006): *Arquitectura Contemporânea Portuguesa XXI*, Lisboa, Colecções Unibanco.
DIAS, Manuel Graça (2004): *30 Exemplos, Arquitectura Portuguesa no Virar do Século XX*, Lisboa, Relógio d'Água Editores.
DUJOVIVE, Bernardo, e LEIRO, Reynaldo (coord.) (2004): *Metamorph Vectors*, 9.ª Mostra Internacional de Arquitectura da Bienal de Veneza, Veneza, Marsilio Editore.
EUSÉBIO, Jaime (coord.) (1992): *Páginas Brancas*, Porto, Associação de Estudantes da Faculdade de Arquitectura do Porto.
FERNANDES, Fátima, e CANNATÀ, Michelle (2005): *Descontinuidades, Arquitectura Contemporânea do Norte de Portugal*, Porto, Civilização Editora.
FERNANDES, Fátima, e CANNATÀ, Michelle (2001): *Arquitectura Portuguesa Contemporânea 1991-2001*, Porto, Edições Asa.
FIGUEIRA, Jorge (2005): *Agora que Está Tudo a Mudar, Arquitectura em Portugal*, Lisboa, Edição Caleidoscópio.
FIGUEIRA, Jorge, e MILHEIRO, Ana Vaz (coord.) (2003): *Paisagens Invertidas, Les Yeus Qui ne Voient Pas*, Lisboa, Ordem dos Arquitectos.
FIGUEIRA, Jorge (coord.) (2003): *SMS: SOS. A Nova Visualidade de Coimbra*, Coimbra – Capital Nacional da Cultura, Porto, Edições Asa.
FRECHILLA, Javíer, e LÓPEZ-PELÁEZ, José Manuel (dir.) (2000): *Vínculos al Cuerpo y los Objectos*, Madrid, Ministério de Fomento, Dirección General de la Vivienda, la Arquitectura y el Urbanismo, 2000.

GADANHO, Pedro, e PEREIRA, Luís Tavares (2004): *Metaflux, Duas Gerações na Arquitectura Portuguesa Recente*, Porto, Instituto das Artes, Civilização Editora.
GADANHO, Pedro, e PEREIRA, Luís Tavares (coord.) (2003): *Influx, Arquitectura Portuguesa Recente*, Porto, Civilização Editora.
GAMBARDELLA, Cherubino (coord.) (2003): *Scale repertorio contemporaneo*, Milano, Federico Motta Editore Spa.
GRAY, Diane (dir.) (2001): *Mies Van Der Rohe Award 2001*, Barcelona, Arq-Infad Publicações.
GUEDES, Ana Moura, e SANTOS, Marco Sousa (dir.) (2000): *Reflex 1*, Experimenta Design 99.
KIRCHNER, Margarita, e ACÓN, Ana (coord.) (2005): *Premis FAD 2005*, Anuari d'arquitectura ibèrica, Barcelona, Arq--Infad Publicações.
KIRCHNER, Margarita, e ACÓN, Ana (coord.) (2004): *Premis FAD 2004*, Anuari d'arquitectura ibèrica, Barcelona, Arq--Infad Publicações.
KIRCHNER, Margarita, e BALADA, Carme (coord.) (2002): *Premis FAD 2002*, Barcelona, Arq-Infad Publicações.
KIRCHNER, Margarita, e BALADA, Carme (coord.) (2001): *Premis FAD 2001*, Barcelona, Arq-Infad Publicações.
LAND, Casten, HÜCKING, Klaus J., e TRIGUEIROS, Luís (2005); *Arquitectura em Lisboa e Sul de Portugal desde 1974*, Lisboa, Editorial Blau.
MILHEIRO, Ana Vaz (coord.) (2006): *Habitar Portugal 2003/2004*, Lisboa, Ordem dos Arquitectos.

MONTES, Cristina (coord.) (2001): *Cafés*, Barcelona, Loft Publications.

MOTA, Paulo Gama (coord.) (2006): *Catálogo Museu de Ciência*, Universidade de Coimbra.

NEVES, José Manuel das (ed.) (2005): *Casas Contemporâneas*, Lisboa, Edição Caleidoscópio.

PELLEGRINI, Pietro Carlo (coord.) (2003): *Ristrutturazione*, Milano, Federico Motta Editore Spa.

REIS, Cristina, e REIS, Margarida (coord.) (2002): *Teatro da Cornucópia, Espectáculos de 1997 a 2001*, Lisboa.

RISPA, Rau (ed.) (2000): *II Bienal Iberoamericana de Arquitectura*, Ciudad de México.

SAT, Cláudio (ed.) (2005): *Telhados Contemporâneos na Arquitectura Portuguesa*, Lisboa, Edição Cláudio Sat.

TAVARES, André, e GUERREIRO, Filipa (coord.) (1997): *96 Conversas*, Porto, Associação de Estudantes da Faculdade de Arquitectura do Porto.

VELOSO, Maria Alonso (coord.) (2006): *Catálogo II Prémio de Arquitectura Ascensores Enor 2006*, Vigo, 2006.

REVISTAS/MAGAZINES

2G, Arquitectura Portuguesa – una nueva generación, Barcelona, Editora Gustavo Gili, 2001, n.º 20.

AMC, Le Moniteur Architecture, Paris, 1999, n.º 98.

AMC, Le Moniteur Architecture, Hors Serie, Paris, Bois Architecture, 2006.

Anuário Design 98, Centro Português de Design, Lisboa, 1998, n.º 17/18.

Architécti, Lisboa, 1995, 1996, 1997, 1998, 1999, 2000, 2001, n.ºs 29, 32, 38, 43, 44, 48, 51, 53.

Arq./a, Revista de Arquitectura e Arte, Lisboa, Nov./Dez. 2003, Set./Out., n.ºs 22, 33.

Arquitectos, Associação dos Arquitectos Portugueses, Lisboa, 1991, n.º 106.

Arquitectura Ibérica, Habitar, Lisboa, Edição Caleidoscópio, Setembro 2006, n.º 16.

Arte e Cimento, Lisboa, 2002, n.º 1, n.º 2.

Arte e Construção, Lisboa, 2004, n.º 166.

Arte y Cemento, Bilbao, 2002, n.º 1928.

Arquitectura & Construção, Lisboa, 2003, 2005, n.ºs 24, 30.

Arquitectura e Vida, Lisboa, Dez. 2000, Fev. 2001, Out. 2005, n.º 11, 13, 64.

Arquitectura y Diseño, Barcelona, 2006, n.º 59.

Attitude, interiors architecture art design, Portugal, 2006, n.º 10.

Bau, Colégios Oficiais de Castilha e Leon, 1994, n.º 10.

Boletim Arquitectos, Lisboa, Ordem dos Arquitectos, 2002, n.º 114.

Casabella, Milano, 2002, n.º 700.

Detail, München, 2002, n.º 10.

Detail, Edición española, Barcelona, 2006, n.º 5.

Estudos/Património, Lisboa, Instituto Português do Património Arquitectónico, 2001, n.º 1.

Hinge Magazine, architecture and design, China, Hong Kong, 2000.

IN, Arquitectura, Decoração e Design, Lisboa, 2004, n.º 2.

In Si(s)tu, Associação Cultural Insisto, Porto, 2001, n.º 1.

Jornal Arquitecturas, Lisboa, Outubro 2005, n.º 5.

L'Architecture d'Aujourd'Hui, Paris, sept.-oct. 2006, n.º 366.

Magazine Artes, Lisboa, Setembro 2003, n.º 10.

Mais Arquitectura, Lisboa, Editora Arcatura, Nov. 2006, n.º 7.

Monumentos, Revista Semestral de Edifícios e Monumentos, Lisboa, Direcção-Geral dos Edifícios e Monumentos Nacionais, Set. 2006, n.º 25.

Obradoiro, Revista do Colexio Oficial de Arquitectos de Galicia, 2001, n.º 29.

ON Diseño, Barcelona, 1999, 2001, 2002, 2004, 2006, n.ºs 204, 223, 233, 253, 276.

Pasajes, Arquitectura y Critica, Madrid, 1999, n.º 3.

Pedra & Cal, Lisboa, Julho/Agosto/Setembro 2002, n.º 15.

Revista Arquitectos, Consejo Superior de los Colegios de Arquitectos de España, Madrid, 2003, n.º 164.

Revista NU, NUDA/AAC, Coimbra, 2003, n.º 14.

Séquence Bois, Petits Ouvrages, Paris, 2002, n.º 40.

Sinais de Cena, Associação Portuguesa de Críticos de Teatro, Lisboa, 2004, n.º 2.

Techniques e Architecture, Paris, Junho-Julho 2003, n.º 466.

Tectónica, Monografias de Arquitectura, Tecnologia y Construcción, "Estructuras - Rehabilitación I", Madrid, 2005, n.º 18.

The Architectural Review, London, December 2000, n.º 1246.

Via Latina 89/90, A. A. C., Coimbra, 1990.

Wa, World Architecture, Pequim, Fev. 2006, Maio 2006, n.º 188, 191.

Wallpaper, London, Sept. 2000.

ZOO 09, London, Out.-June 2001.

2G, Portugal 2000-2005, Barcelona, Editora Gustavo Gili, 2005.

ARQUITECTURAS EM PALCO *Representação Oficial Portuguesa na 11.ª Exposição Internacional de Cenografia e Arquitectura para Teatro – Quadrienal de Praga 2007*
ARCHITECTURES ON STAGE *Official Portuguese Representation in the 11th International Exhibition of Scenography and Theatre Architecture – Prague Quadrennial 2007*

Comissariado/Curator
João Mendes Ribeiro

Projecto de/Project by
João Mendes Ribeiro
com/with Catarina Fortuna, Pedro Grandão

Organização e Produção/Organization and Production
Instituto das Artes – Ministério da Cultura

Coordenação/Coordination
Adelaide Ginga, Alexandra Pinho

Direcção de Produção/Production Manager
Alexandra Pinho

Produção/Production
Domingos Valido, Manuel Henriques, Nuno Carvalho, Nuno Moura

Comunicação/Communication
Platz

Design gráfico/Graphic design
FBA.

Website e/and spot
Bombazine

FILMES/FILMS

JOÃO MENDES RIBEIRO. CENOGRAFIAS SELECCIONADAS/ SELECTED SCENOGRAPHIES

Montagem/Editing: Pedro Rodrigues, Clemence Le Prévost
Produção/Production: Instituto das Artes – Ministério da Cultura

A SESTA/THE NAP

Elenco/Cast: Catarina Câmara, Danilo Mazzotta, Maria Cerveira, Sylvia Rijmer, Pedro Santiago Cal, Olga Roriz

Direcção, Realização e Guião/ Director, Filmmaker and Script: Olga Roriz
Director de Fotografia e Operador de Câmara/Director of Photography and Camera Operator: Pedro Macedo
Assistente de Câmara/Camera Assistant: Lisa Person

Iluminação/Lighting: Raul Caldas
Assistentes de Iluminação/Lighting Assistants: João Oliveira, Jacinto Martinho

Direcção de Som/Sound Director: Sérgio Milhano
Assistente de Som /Sound Assistant: Teresa Raquel
Captação de Som/Boom Operator: Sérgio Milhano, Miguel Mendes

Montagem/Editing: Pedro Rodrigues, Olga Roriz
Pós-Produção Áudio/Post-Production Sound: Sérgio Milhano

Assistente de Direcção/Director's Assistant: André Louro

Peças Cenográficas/Scenography: João Mendes Ribeiro
Figurinos/Costumes: Olga Roriz
Adereços/Props: João Pedro Rodrigues
Costureira/Steamstress: Fátima Ruela
Assistente de Guarda-Roupa/ Wardrobe Assistant: Maria Ribeiro

Direcção de Produção/Production Manager: Pedro Quaresma
Assistente de Produção/Production Assistant: José Madeira

Música Original/Original Soundtrack: Joaquim Pavão

Músicos/Musicians: Agnese Mladenov, André Fonseca, Bruno Rodrigues, Daniel Leão, Jan Kuta, Joaquim Pavão
Captação de Som, Edição, Mistura e Masterização/Sound Boom, Editing, Mixture, Mastering: João André Lourenço, Bruno Gomes, Vítor Génio, Rui Oliveira

Produção/Production: Companhia Olga Roriz
Co-Produção/Co-Production: Instituto das Artes – Ministério da Cultura

CATÁLOGO/CATALOGUE

Organização/Editors
João Mendes Ribeiro, Catarina Fortuna

Autores/Authors
Antoni Ramon Graels, Daniel Tércio, João Mendes Ribeiro, Miguel-Pedro Quadrio, Olga Roriz, Ricardo Pais

Coordenação Editorial/Editorial Coordinator
Alexandra Pinho

Design Gráfico/Graphic Design
FBA.

Traduções/Translations
Daniel Boyce
Sónia Cruz (castelhano para português: texto de Antoni Ramón Graels)

Fotografias de A Sesta/*Photographies of* The Nap
Rodrigo César

Revisão/Revision
Paula Lobo

Publicado por/Published by
Almedina, S. A.

Impressão/Printed by
G.C. – Gráfica de Coimbra, Lda.

Tiragem/Print run
1500

ISBN: 978-972-40-3201-6
Depósito Legal: 259753/07
©textos, os seus autores/
texts, the contributors
©imagens, os seus autores/
images, the authors
©esquiços, JMR
©publicação/publication
Almedina, Maio 2007

Agradecimentos/Acknowledgments
Ana Baião, António Campos de Almeida, António Pires, Bernardo Futscher Pereira, Beth Gali, Companhia Olga Roriz, Daniela Pařízková, Diana Vidal, Fernando Santos, Helena Cardoso, Helena Tanqueiro, Katerina Stepankova, Luís B. Costa, Luís Besteiro Ribeiro, João Fabião, João Tuna, José Frade, Josué Maia, Manuel Vitória, Margarida Dias, Marilyn Marques, Mário Feliciano, Ordem dos Arquitectos, Paulo Fonseca, Pedro Brígida, Ricardo Ohtake, Rodrigo César, Rui Simões, Sónia Bom, Susana Paiva, Teatro Nacional D. Maria II, Teatro Nacional São João, Vitoria Arruda

Agradecimentos de A Sesta/ Acknowledgments of The Nap:
Espaço Monsanto – Carla Madureira, Teatro Aveirense, Rui Raposo, Associação Cultural d'Orfeu, Gil Moreira, Agnese Mladenow

Apoios/Sponsors

Apoios de A Sesta/ Sponsors of The Nap: